分県登山ガイド 45

鹿児島県・沖縄県の山

川野秀也
伊波卓也・与儀 豊・林 秀美・松島昭司・羽根田 治 著

山と溪谷社

分県登山ガイド―45

鹿児島県・沖縄県の山

目次

●本文地図主要凡例●

- - - - - - 紹介するメインコース。

- - - - - - 本文か脚注で紹介しているサブコース。一部、地図内でのみ紹介するコースもあります。

Start Goal Start Goal 225m 出発点／終着点／出発点・終着点の標高数値。

⌂ 管理人在中の山小屋もしくは宿泊施設。

▲ 紹介するコースのコースタイムのポイントとなる山頂。

○ コースタイムのポイント。

⌂ 管理人不在の山小屋もしくは避難小屋。

鹿児島県の山 全図

▲❶高千穂峰 本書で紹介する山名とコース番号
◎○ 市役所・町村役場
国道と国道ナンバー
高速道路・自動車専用道路
JR線
JR新幹線
私鉄線
1:650,000
0 20km
N
熊本県
宮崎県
東シナ海
❶高千穂峰
❷韓国岳
❷大浪池
❸えびの岳
❹烏帽子岳
❺栗野岳
❻矢筈岳
❼紫尾山
❽烏帽子岳
❾仏石
❾本仏石
❾長尾山
❿藺牟田池外輪山
⓫鷹ノ子岳
⓬八重山
⓭花尾山
⓮三重嶽
⓯冠岳
⓰金峰山
㉖大箆柄岳
㉘横岳
㉙白山
㉚刀剣山
㉛御在所岳
㊸遠目木山
㊸嶺の山

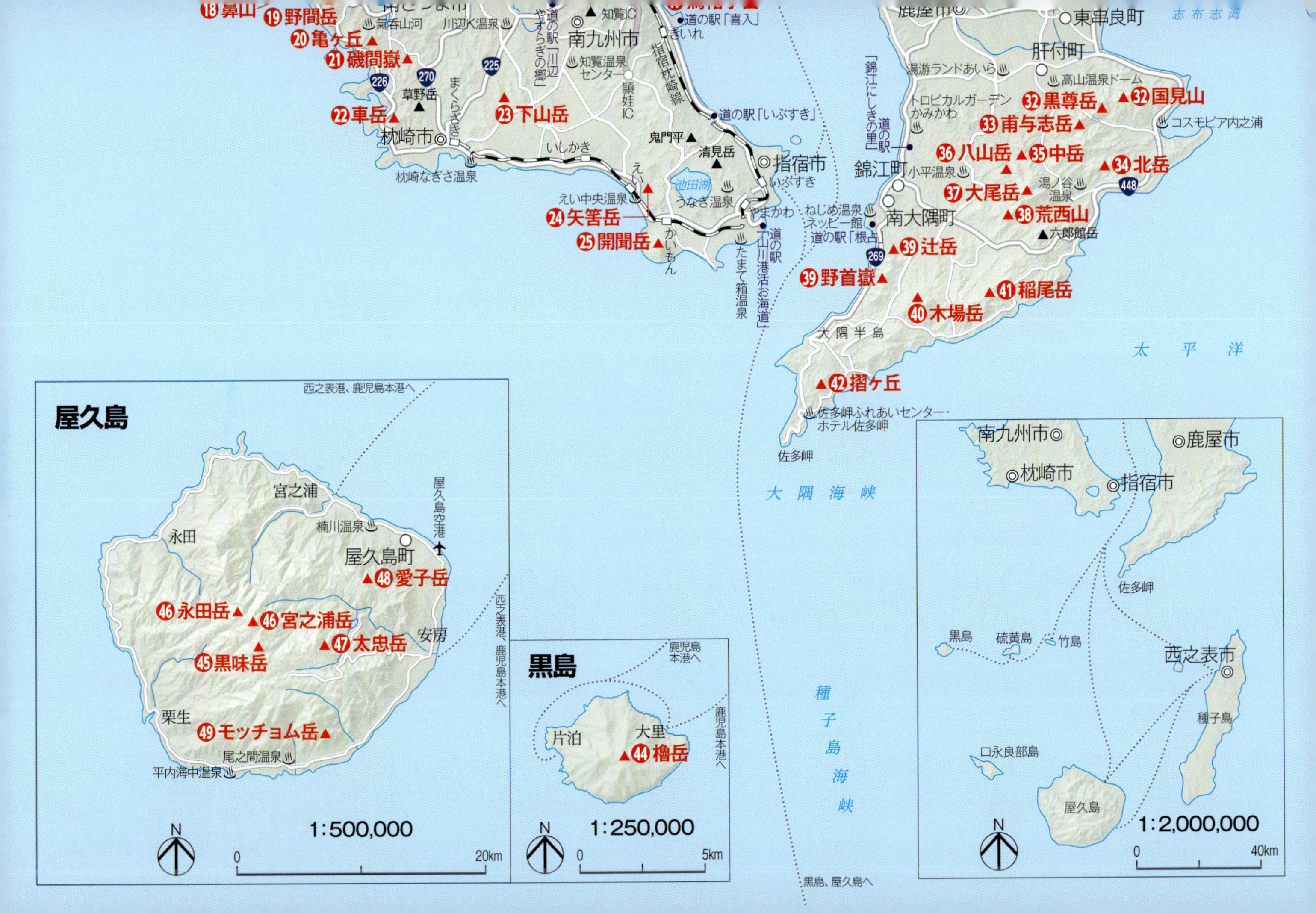

⑱鼻山
⑲野間岳
⑳亀ヶ丘
㉑磯間嶽
㉒車岳
㉓下山岳
㉔矢筈岳
㉕開聞岳
草野岳
枕崎市
枕崎なぎさ温泉
まくらざき
いしかわ
えい
えい中央温泉
かいもん
気香山河
川辺K温泉
道の駅やすらぎの郷「川辺」
知覧温泉センター
知覧IC
南九州市
頴娃IC
指宿枕崎線
道の駅「喜入」
きいれ
道の駅「いぶすき」
鬼門平
清見岳
池田湖
うなぎ温泉
指宿市
いぶすき
やまかわ
道の駅「山川港活お海道」
たまて箱温泉
鹿屋市
東串良町
志布志湾
肝付町
湯遊ランドあいら
高山温泉ドーム
トロピカルガーデンかみかわ
道の駅「錦江にしきの里」
錦江町
小平温泉
ねじめ温泉ネッピー館
道の駅「根占」
南大隅町
㉜黒尊岳
㉜国見山
㉝甫与志岳
㉞北岳
㉟中岳
㊱八山岳
㊲大尾岳
㊳荒西山
湯ノ谷温泉
六郎館岳
コスモピア内之浦
㊴辻岳
㊴野首嶽
㊵木場岳
㊶稲尾岳
㊷摺ヶ丘
大隅半島
佐多岬ふれあいセンター・ホテル佐多岬
佐多岬
大隅海峡
太平洋
種子島海峡
黒島、屋久島へ
屋久島
西之表港、鹿児島本港へ
宮之浦
永田
楠川温泉
屋久島空港
屋久島町
㊽愛子岳
㊻永田岳
㊻宮之浦岳
㊼太忠岳
㊺黒味岳
安房
西之表港、鹿児島本港へ
栗生
㊾モッチョム岳
尾之間温泉
平内海中温泉
N
1:500,000
0
20km
黒島
鹿児島本港へ
片泊
大里
㊹櫓岳
鹿児島本港へ
N
1:250,000
0
5km
南九州市
鹿屋市
枕崎市
指宿市
佐多岬
黒島
硫黄島
竹島
西之表市
種子島
口永良部島
屋久島
N
1:2,000,000
0
40km

沖縄県の山 全図① 沖縄本島

沖縄県の山 全図②

石垣島&西表島

N 1:401,000

0 10km

概説　鹿児島県・沖縄県の山

──川野秀也
林　秀美

■鹿児島県の山

鹿児島県は、錦江《きんこう》湾を囲むように薩摩《さつま》、大隅《おおすみ》のふたつの半島と、西方海上に甑島《こしきしま》列島、南西海上に大隅諸島やトカラ列島、奄美《あまみ》群島など多くの離島からなっている。

本土の山には、霧島《きりしま》連山や桜《さくら》島《じま》、開聞岳《かいもんだけ》など霧島火山脈の活動により形成された山や、全域が照葉樹林に覆われた大隅半島の高隈《たかくま》山《やま》や肝属《きもつき》山地などがある。離島では、世界自然遺産に登録された屋《や》久《く》島の山は、海外からの登山者も多い。いずれも独特な山容が鹿児島県の山を印象づけ、また豊かな植生が魅力となっている。

標高では2000㍍を超える山はなく、屋久島、霧島、高隈山と紫尾山《しびさん》が1000㍍を超えるのみで、ほかは里山的な低山が各地に分散している。登山口の大半は、公共交通機関の運行がない地域や山腹を通る林道にあるので、マイカー利用の登山が前提となる。マイカーなら県本土の山であれば、すべて日帰り登山が可能で、下山後は山麓の温泉も楽しめる。

山の気候は温暖で、屋久島以外は四季を通じて登山が楽しめる。花の豊富な霧島の山、巨木群を縦走する栗野岳《くりのだけ》、日本のブナ南限の高隈山、岩稜を縦走し巨大岩峰に登る磯間嶽《いそまだけ》、世界的にも希少な照葉樹林が残る稲尾岳《いなおだけ》や木場岳《こばだけ》、また九州最高峰・宮之浦岳《みやのうらだけ》（1936㍍）を有する屋久島は、すばらしい山岳景観と、亜熱帯から冷温帯まで多様な植生の垂直分布、縄文杉に代表される樹齢数千年におよぶ屋久杉の原生林など、それぞれ魅力ある登山を楽しめる。

●山域の特徴

●霧島の山々　日本で最初に国立公園に指定された火山群で、天孫《てんそん》降臨《こうりん》伝説の高千穂峰《たかちほのみね》や最高峰の韓《から》国岳《くにだけ》が代表的な山。大浪《おおなみ》池など15の火口があり、うち10は火口湖を有している。そのダイナミックな景観や山中を彩るミヤマキリシマなどの魅力から、県内では最も多くの人々に登り親しまれている。

しかし近年、火山活動が活発化して、平成23（2011）年に189年ぶりに新燃岳《しんもえだけ》が大噴火して以降、新燃岳と両隣にある中《なか》岳《だけ》、獅子戸《ししど》岳《だけ》は登山禁止となっている。だが、新燃岳の噴火で壊滅的な被害を受けた高千穂峰のミヤマキリシマは元の状態まで回復し、再び登山者の目を楽しませてくれている。

霧島連山からやや離れたところに、烏帽子岳《えぼしだけ》と栗野岳がある。前者は文字《もじ》岩から山頂への新コースと縦走路が整備され、秋にはハナカズラの花とすばらしい紅葉を楽しめる。後者は、主稜の北面にタブやスダジイを主形成木とする巨木群があり、山頂から巨木群をめぐる縦走コースが整備されている。

●薩摩半島の山々　「南薩《なんさつ》三山（または薩摩三峰）」の開聞岳、金峰《きんぽう》山《ざん》、野間岳《のまだけ》のほか、県内で唯一岩稜縦走のスリルを味わえる磯間嶽、各所の岩峰で展望を楽しめる

寒波続きで全面氷結した大浪池と雪化粧した霧島・韓国岳

中岳登山道から望む霧島・高千穂峰

矢筈岳《やはずだけ》などがある。鹿児島市にある烏帽子岳や三重嶽《みえだけ》、八重山《やえやま》などは家族連れハイキング向き、花尾山《はなおやま》は縦走の醍醐味を味わえる。姶良《あいら》市と霧島市の境にある長尾山《ながおやま》一帯は、県民の森として、登山やキャンプなど自然を満喫できる施設が整備されている。北薩《ほくさつ》方面では蘭牟田池外輪山《いむたいけがいりんざん》や冠岳《かんむりだけ》の縦走が人気。紫尾山の登尾《のぼりお》コースには、落差76メートルの千尋《せんぴろ》ノ滝がある。

●大隅半島の山々　高隈山は、主峰の大箆柄岳《おおのがらだけ》をはじめ1000メートルを超す峰が7座連なる高山群で、うち5座の山頂は展望がよい。展望なら、甫与志岳《ほよしだけ》や八山岳《はっさんだけ》、根占《ねじめ》富士《ふじ》とよばれる辻岳《つじだけ》、摺ヶ丘《ずいがお》などもすばらしい。中岳《なかだけ》は、縦走と美しい4つの滝をめぐるトレッキングコースが人気。照葉樹林に覆われ、自然環境保全地域に指定されている稲尾岳や木場岳は、自然観察や森林浴に最適で、静かな山行を求める登山者に好まれる。

蘭牟田池は池を取り囲むように7つの峰がある

●離島の山　平成27年に県内3つ目の国定公園に指定された甑島に遠目木山《とおめきやま》がある。山頂は展望がよく、嶺の山へ縦走できる。黒《くろ》島にある櫓岳《やぐらだけ》は、手つかずの自然と展望を満喫しながら縦走できる。

屋久島は「洋上《ようじょう》アルプス」といわれ、主峰の宮之浦岳や第2峰の永田岳《ながただけ》、黒味岳《くろみだけ》など高峰群があり、屋久島の縦走は日本アルプスに匹敵するスケールを体感できる。またピラミッド型の愛子岳《あいこだけ》、大岩壁のモッチョム岳《だけ》、天柱《てんちゅう》石のある太忠岳《たちゅうだけ》を前岳《まえだけ》三山とよび、宮之浦岳をはじめとする奥岳《おくだけ》に劣らず人気がある。

小筬柄岳から望む高隈連山（左から妻岳、二子岳、平岳、横岳）

早春を彩る菜の花畑と開聞岳。均整のとれた姿から「薩摩富士」と称される

●山々の四季

春―3月下旬、霧島・大浪池の火口周辺にマンサクが咲き、5月になると山々の尾根は新緑が美しく映える。霧島はミツバツツジが咲き、ピンクや赤、赤紫色のミヤマキリシマが山肌を染める。屋久島は4月下旬になると前岳にサクラツツジが開花、5月下旬には奥岳の稜線と山頂部はヤクシマシャクナゲの淡いピンクに彩られる。

夏―日差しが強いので、樹林に覆われたコースや渓谷沿いのコースがおすすめ。登る際は、早朝から歩きはじめたい。9月中旬の高隈山では、御岳《おんたけ》に咲くタカクマホトトギスや、縦走路に群生するミカエリソウの花が見ごろとなる。

鎮國寺の境内から望む、絶壁になった冠岳（西岳）の山頂

秋―みごとな紅葉となる霧島に人気が集中するが、冠岳や高隈山の紅葉も劣らずすばらしい。霧島の烏帽子岳にはトリカブトの一種であるハナカズラが見られる。

冬―照葉樹の尾根にヤブツバキの赤が映え、足もとには黄色いツワブキの黄色の花が目を楽しませる。1000㍍を超える山は、寒気到来時に樹氷や積雪に覆われ、雪山登山の楽しさを味わえる。屋久島の一般的な登山時期は、4月から11月まで。屋久島は降雨日が多いので、雨対策を万全にして行動しよう。冬の屋久島は、1㍍以上積雪することがある。

●山行上の注意

霧島連山は、火山活動状況に応じた噴火警戒レベルにより立入禁止エリアが設定されるので、気象庁のホームページなどで事前に火山情報を確認すること。

屋久島では、シャクナゲ開花時期と5月の連休は山小屋が満員となることがあり、幕営用具は必携。またガスで視界がきかず、道迷いや増水時に無理な徒渉で遭難が起きている。迷ったら元の場所まで戻り、決して沢を下らないこと。

屋久島の沢の下降は技術・装備なしには不可能である。屋久島の冬山は、日本アルプスの冬山に匹敵する気象となることがあり、本格的な冬山装備で経験者と登ることをすすめる。

屋久島の永田歩道、北薩の紫尾

栗野岳原生林にあるスダジイの巨木

稲尾岳のすそ野を覆う、西日本でも最大規模の照葉樹林

登山道に咲くヤクシマシャクナゲと屋久島・宮之浦岳。宮之浦岳は鹿児島県のみならず九州の最高峰だ

山の登尾コースにはヤマヒルが生息し、身体に付着して吸血するので要注意。ただし、好天日は活動が鈍く、冬期には見られない。ヒル以外にも、低山では冬を除いて、ブヨやハチなどの虫に注意する。防虫スプレーや防虫ネット、ポイズンリムーバー（毒吸出器）を携行するのがよい。

登山口への林道は、工事や大雨、台風後の崖崩れ、倒木などで通行止めになることがある。事前に最寄りの役場や森林管理署に問合わせるのがよい。また、走行の際は路面が荒れている道も多いので、最低地上高が確保された4WD車を使用するのがよい。

西面に特攻の滝など４つの美瀑が落ちる大隅半島の中岳

＊　＊　＊　＊

本書は前作『新・分県登山ガイド［改訂版］45鹿児島県の山』で紹介している53山のうち、霧島火山活動により長年登山禁止されている山、歩行時間が極端に短い山や総体的な魅力に乏しい山など12座を省き、大尾岳《うおだけ》や北岳《きただけ》、車岳《くるまだけ》など新たに7座を紹介している。また既紹介の山では、栗野岳、花尾山、下山岳《さがやまだけ》など11座で新たなコースを紹介している。

写真はすべて入れ替え、魅力ある山はページを増やすことで、これまでとは異なる視点で鹿児島の山の魅力を知り、楽しんで頂ければ幸いである。

県内の登山はマイカー移動が主体。林道走行の際は要注意（刀剣山）

■沖縄県の山

沖縄県は東京都から約1500キロ南西に位置する島々からなり、日本で唯一亜熱帯海洋性気候に属する。県最北の硫黄鳥島《いおうとり》から最南端の波照間島《はてるま》まで南北400キロ、東端の北大東島《きただいとう》から最西端の与那《よな》国《ぐに》島まで、東西1000キロという広大な海域に約160の島々が点在し、そのうち46島が有人島だ。これらの島々は、沖縄本島《ほんとう》を主島とした沖縄諸島と、宮古《みやこ》島を主島とする宮古諸島、石垣《いしがき》島を主島とする八重山《やえやま》諸島に大別される。

本書では、沖縄本島と八重山諸島の高島（山地のある箇所）の山域を紹介した。

沖縄本島北部の森は、平成28年9月に「やんばる国立公園」に指定された。国内最大級の亜熱帯照葉樹林が広がり、多種多様な固有種の動植物や、カルスト地形、マングローブ林などが観察できる。

●山域の特徴

●沖縄本島　本島北部の山岳地域は「やんばる」とよばれ、豊かな自然が残るエリアとして親しまれている。地域の名が冠されたヤンバルクイナやヤンバルテナガコガネなど、国の天然記念物に指定された生物が棲む貴重な山域で、本島最高峰の与那覇岳《よなはだけ》（503メートル）は本島最北端の国頭《くにがみ》村にある。

また本部《もとぶ》半島の山里《やまざと》という地域には、円錐《えんすい》カルスト地形の嘉津宇《かつう》岳《だけ》、古巣岳《ふるしだけ》などが独特の景観をつくりあげている。これは2億年以上前に海底のサンゴ礁が陸地となり、その後、長い年月をかけて雨水などが石灰岩を溶かして形成されたもので、国内唯一、世界的に見ても最北端に位置する貴重な自然である。

●石垣島　那覇《なは》の南西約410キロに位置し、県の最高峰・於茂登岳《おもとだけ》（526メートル）は、ここ石垣島にある。

石垣島は島の北東部にある平久《ひらく》保《ぼ》半島を柄と見立てれば、柄杓のような形だ。細長い平久保半島には、山地が北東から南西方向に細長く連なっている。南部は方形に近く、そのほぼ中央部に於茂登岳があり、北東に桴海《ふかい》於茂登岳《だけ》、ウマヌファ岳《だけ》、ホゥラ岳《だけ》、西にぶざま岳《だけ》が連なっている。

●西表島《いりおもて》　石垣島の西約30キロに位置する。沖縄本島に次ぐ面積を有し、国の特別天然記念物・イリオモテヤマネコなどの存在で知られる。島の最高峰の古見岳《こみだけ》（470メートル）を筆頭に、テドウ山《さん》、御座岳《ござだけ》、南風見岳《はえみだけ》など標高400メートル前後の山が連なり、島の90パーセント近くが原生林だ。数十キロにおよぶ河川もあり、上流の滝や河口付近のマングローブ林の散策が楽しい。

●山々の四季

●12～2月（冬）　―1月下旬にはヒカンザクラ（緋寒桜）が開花しはじめ、沖縄本島北部などで、日本一早い桜祭りが開催される。紅色の桜を求め、名護岳《なごだけ》や八《や》重岳《えだけ》を訪れる人も多い。

↑本島北部の山に行く際は、ヤンバルクイナをはじめとする動物の事故にも注意

→個性的な滝が数多く存在する西表島（写真はマリユドゥの滝）

亜熱帯特有の森が広がる沖縄本島・熱田岳

●3～5月（春～初夏）―2月下旬から3月にはケラマツツジやデイゴなどが開花し、イタジイの森に新緑が萌えはじめる。4月、沖縄の方言で「うりずん」とよばれる初夏を迎える。平均気温が20度Cを超え、セミも鳴きはじめる。

5月初旬から梅雨入りし、イジュの花が開花。ハブの活動が活発になることから「ハブ注意報」も出される。6月、本土が梅雨入りするころに沖縄は梅雨明けとなり、いよいよ本格的な夏を迎える。

●6～9月（盛夏）―平均気温が28度C前後の暑い日が続く。最高気温が30度Cを超える日は意外と少ないが、湿度が高く、日差しが強烈なので、登山にはやや不向きな時期。台風の襲来も多い。

●10～11月（秋）―新北風（ミーニシ）とよばれる北風が吹き、渡り鳥のサシバが訪れると、長い夏も終わりとなる。沖縄では紅葉がほとんど見られないが、この時期にはハゼノキの葉が赤く色づく。

●山行上の注意

沖縄の山は、最高峰の於茂登岳でも標高526メートルと高くはない。それでも沖縄本島や西表島の山域では、毎年のように遭難者が出ているので注意が必要だ。また、本島北部の山域は米軍の演習場となっているところもあり、誤って演習地に入りこむ恐れもあるので、むやみに近づかないようにしたい。猛毒をもつハブもいるので、単独行は厳禁だ。

本書の使い方

■日程　鹿児島県、沖縄県内の各都市を起点に、アクセスを含めて、初・中級クラスの登山者が無理なく歩ける日程としています。

■歩行時間　登山の初心者が無理なく歩ける時間を想定しています。ただし休憩時間は含みません。

■歩行距離　2万5000分ノ1地形図から算出したおおよその距離を紹介しています。

■累積標高差　2万5000分ノ1地形図から算出したおおよその数値を紹介しています。は登りの総和、は下りの総和です。

■技術度　5段階で技術度・危険度を示しています。は登山の初心者向きのコースで、比較的安全に歩けるコース。は中級以上の登山経験が必要で、一部に岩場やすべりやすい場所があるものの、滑落や落石、転落の危険度は低いコース。は読図力があり、岩場を登る基本技術を身につけた中～上級者向きで、ハシゴやクサリ場など困難な岩場の通過があり、転落や滑落、落石の危険度があるコース。は登山に充分な経験があり、岩場や雪渓を安定して通過できる能力がある熟達者向き、危険度の高いクサリ場や道の不明瞭なやぶがあるコース。は登山全般に高い技術と経験が必要で、岩場や急な雪渓など、緊張を強いられる危険箇所が長く続き、滑落や転落の危険が極めて高いコースを示します。本書の場合、が最高ランクになります。

■体力度　登山の消費エネルギー量を数値化することによって安全登山を提起する鹿屋体育大学・山本正嘉教授の研究成果をもとにランク付けしています。ランクは、①歩行時間、②歩行距離、③登りの累積標高差、④下りの累積標高差に一定の数値をかけ、その総和を求める「コース定数」に基づいて、10段階で示しています。が1、が2となります。通常、日帰りコースは「コース定数」が40以内で、～（1～3ランク）。激しい急坂や危険度の高いハシゴ場やクサリ場などがあるコースは、これに～（1～2ランク）をプラスしています。また、山中泊するコースの場合は、「コース定数」が40以上となり、泊数に応じて～もしくはそれ以上がプラスされます。本書の場合、が最高ランクになります。

紹介した「コース定数」は登山に必要なエネルギー量や水分補給量を算出することができるので、疲労の防止や熱中症予防に役立てることもできます。体力の消耗を防ぐには、下記の計算式で算出したエネルギー消費量（脱水量）の70～80パーセント程度を補給するとよいでしょう。なお、夏など、暑い時期には脱水量はもう少し大きくなります。

	時間の要素		距離の要素		重さの要素
行動中のエネルギー消費量（kcal）＝	1.8×行動時間（h）	＋	0.3×歩行距離（km）＋10.0×上りの累積標高差（km）＋0.6×下りの累積標高差（km）	×	体重（kg）＋ザック重量（kg）
	山側の情報―「コース定数」				登山者側の情報

＊kcalをmlに読み替えるとおおよその脱水量がわかります

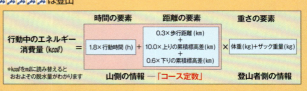

ヤマザクラ
4月　高隈山・大野原林道

鹿児島県の山の花

川野秀也

ノマツツジ
3月　鼻山

キブシ
3月　開聞岳

マンサク
3月　大浪池

コショウノキ
3月　遠目木山

アセビ
4月　国見山

フウトウカズラ
3月　矢筈岳（南九州市）

キリシマミズキ
4月　えびの岳

ヤブツバキ
4月　栗野岳

樹木の花

オオカメノキ
4月　韓国岳

ハクサンボク
4月　金峰山

ミヤマシキミ
4月　栗野岳

ミツバツツジ
4月　甫与志岳

ヤマフジ
4月　霧島山・新湯林道

ノカイドウ
5月　えびの高原

シロモジ
5月　えびの岳

ヒカゲツツジ
5月　えびの岳

シキミ
5月　栗野岳

ミヤマキリシマ
5月　韓国岳

サクラツツジ
5月　愛子岳

シャリンバイ
5月　磯間嶽

アケボノツツジ
5月　刀剣山

ヤマツツジ
5月　横岳

コツクバネウツギ
5月　高千穂峰

ハイビスカス
5月　櫓岳

樹木の花

マルバサツキ
5月　櫓岳

イジュ
6月　烏帽子岳（鹿児島市）

ヤクシマシャクナゲ
6月　屋久島・投石平

カイモンツツジ
6月　開聞岳

オオヤマレンゲ
6月　韓国岳

ヤマボウシ
6月　御岳

コガクウツギ
6月　大浪池

タンナサワフタギ
6月　大浪池

ベニドウダン
6月　大浪池

コバノクロヅル
6月　高千穂峰

ドウダンツツジ
6月　刀剣山

ノリウツギ
7月　韓国岳

ムラサキシキブ
10月　栗野岳

ノバラ
8月　横岳

サザンカ
10月　紫尾山

ガマズミ（実）
11月　冠岳

ウメモドキ　11月
烏帽子岳（霧島）

黄色系の花

キケマン
4月　野間岳

ニガナ
5月　韓国岳

タカクマホトトギス
9月　御岳

ツルキジムシロ
5月　栗野岳

ツワブキ
11月　摺ヶ丘

ヒメレンゲ
5月　刀剣山

ミズキンバイ
7月　甫与志岳

紫・褐色系の花

ハルリンドウ
4月　栗野岳

タチツボスミレ
5月　花尾山

コバノタツナミ
5月　野首嶽

イワタバコ
8月　甫与志岳

ヤマジノホトトギス
9月　荒西山

ハナカズラ
11月　烏帽子岳（霧島）

ヤッコソウ
11月　刀剣山

リンドウ
9月　大箆柄岳

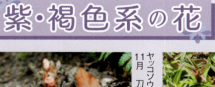

赤色系の花

アオノクマタケラン
3月　車岳

エビネ
5月　金峰山

ノアザミ
5月　野首嶽

ツクシショウジョウバカマ
4月　栗野岳

コイワカガミ
5月　高千穂峰

コオニユリ
7月　横岳

オオキツネノカミソリ
7月　栗野岳

カノコユリ
7月　遠目木山

ミカエリソウ
9月　妻岳

ツチトリモチ
11月　栗野岳

ヤマラッキョウ
11月　三重嶽

ムサシアブミ(実)
12月　金峰山

白色系の花

サツマイナモリ　3月　磯間嶽

ツクシショウジョウバカマ
3月　開聞岳

ギンリョウソウ
5月　野首嶽

コゴメイワガサ
5月　磯間嶽

シロノセンダングサ
9月　冠岳

テッポウユリ
5月　櫓岳

セッコク
5月　荒西山

マイヅルソウ
5月　高千穂峰

白系の花

ハマボッス
5月　櫓岳

フタリシズカ
5月　野首嶽

オカトラノオ
6月　摺ヶ丘

ヤマルリソウ
5月　甫与志岳

ダイモンジソウ
10月　紫尾山

オオカラスウリ
7月　櫓岳

クサアジサイ
7月　冠岳

ノイチゴ
8月　甫与志岳

ツクシコウモリソウ
9月　大箆柄岳

センブリ
10月　刀剣山

アケボノソウ
10月　甫与志岳

サツマシロギク
11月　三重嶽

ノジギク
12月　矢筈岳(南九州市)

01 高千穂峰

坂本龍馬も登った天孫降臨伝説の山

たかちほのみね
1574m

日帰り

歩行時間＝3時間40分
歩行距離＝5・5km

技術度
体力度

コース定数	＝15
標高差	＝609m
累積標高差	↗610m ↘610m

天孫降臨《てんそんこうりん》伝説の霊峰として知られる高千穂峰は、霧島《きりしま》連山の第二峰で、標高は韓国岳《からくにだけ》（1700メートル）に劣るが、その秀麗な山容は、霧島連山の盟主を思わせる風格がある。山頂は宮崎県に位置し、宮崎県側からの登山道もあるが、鹿児島県側にある高千穂河原《がわら》から山頂を目指す登山者が最も多い。幕末の志士・坂本《さかもと》龍《りょう》馬《ま》が妻のお龍《りょう》と登った際、山頂に突き刺さっていた天の逆鉾を引き抜いたとのエピソードもある。

高千穂峰のミヤマキリシマは、平成23年1月、189年ぶりに大噴火した新燃岳《しんもえだけ》の火山灰と火山礫に埋め尽くされたが、現在は復元し、シーズンには山肌が一面赤やピンクに染まる。

高千穂河原駐車場から大鳥居を

＊コース図は24ページを参照。

■鉄道・バス

往路・復路＝JR日豊本線霧島神宮駅から丸尾方面への鹿児島交通バスに乗り、丸尾で霧島連山周遊バスに乗り換え高千穂河原へ。登山に利用可能な便は往復とも1便のみ。タクシー利用も考慮したい。

■マイカー

国道223号の霧島神宮前の三差路を東へ1キロほど走ると、高千穂河原への案内板がある。高千穂河原の駐車場は有料。公衆トイレ、水道設備、売店、避難壕もある。

■登山適期

ベストは、ミヤマキリシマの咲く5月中旬から6月初旬と紅葉の10月下旬から11月初旬。正月はご来光登山者でにぎわう。

■アドバイス

▽新燃岳や御鉢の火山活動により、コースが閉鎖されることがある（状況の確認は20ページ欄外を参照）。

▽高千穂山頂山小屋（収容10人）は休憩、避難所として無料で使用可。屋外には携帯トイレ用ブースがある。

▽高千穂河原ビジターセンター（☎0995・57・2505）は、霧島のことなら何でもわかる資料館。登山前や登山後に立ち寄ってみよう（入館無料・通年開館）。

■問合せ先

霧島市霧島総合支所☎0995・45・5111、鹿児島交通国分営業所

＊本項の登山道の状況は、霧島市ホームページ内「霧島の山々」を参照のこと。

↑山頂を正面に見ながら、ミヤマキリシマの咲く御鉢の火口縁を進む

→高千穂牧場から眺める秀峰・高千穂峰。盟主の風格がある

くぐり、**古宮址**《ふるみやあと》まで参道を進む。古宮址に立つと、正面に美しい吊尾根状になった御鉢《おはち》の火口縁が望まれる。自然遊歩道の石畳を登るとまもなく足もとに赤茶けた溶岩礫が現れ、右に**休憩石**がある。本

(バス)☎0995・45・6733(霧島連山周遊バスも)、有村タクシー霧島☎0995・57・1119、高千穂山頂山小屋☎0984・42・2111(宮崎県高原町役場)

■2万5000分ノ1地形図
高千穂峰

ミヤマキリシマの咲く中岳中腹から望む高千穂峰

ミヤマキリシマの花畑とよばれる鹿ヶ原(高千穂河原から徒歩25分)からの高千穂峰

高千穂峰の登山拠点・高千穂河原。広い駐車場やトイレ、売店などがある

格的な登りを前に、ひと息入れるのによい。

　左右前後に展望が開け、ミヤマキリシマの開花期には登山者の行列が望まれる。御鉢の**火口縁**まで登ると、馬《うま》の背《せ》とよばれるやせた稜線を進むようになる。右側は火口底までおよそ100㍍の絶壁、左側も数百㍍下まで急斜面になっている。強風時とガスで視界が悪いときは要注意だ。

　馬の背をすぎ、**背門丘**《せとお》の鞍部《あんぶ》に下ると、鳥居と祠、石碑がある。石碑には、西暦540年にこの背門丘の地に神殿が造営され、霧島神宮の創祀となったと記されている。ここから広い斜面の登りとなるが、コースを外さないように、登山道の両側にロープが設置してある。

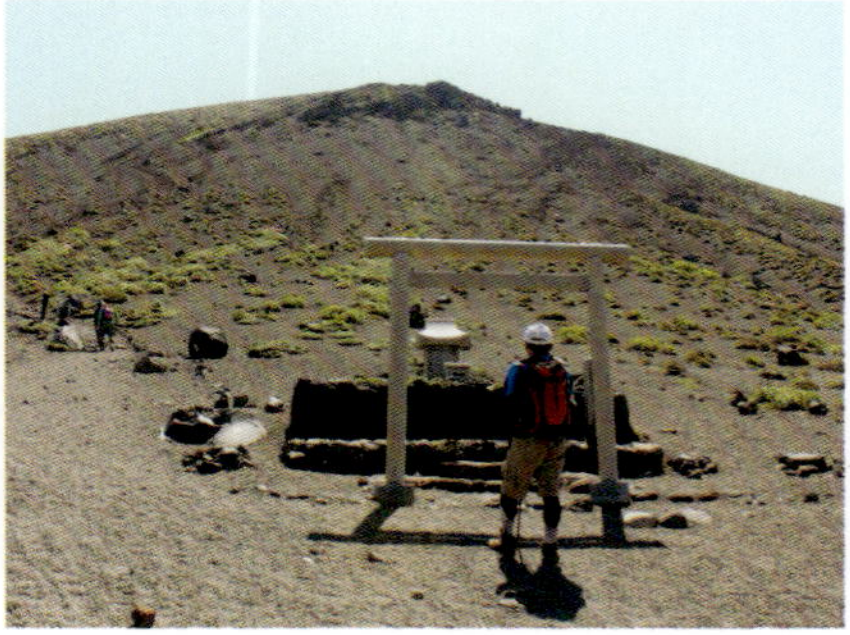

霧島神宮上宮があったとされる背門丘の鳥居と祠。ここから山頂へは最後の登り

　避難小屋のある**高千穂峰**山頂一帯は広々として、360度の大パノラマが広がる。中岳《なかだけ》から韓国岳へ続く霧島連山、桜島《さくらじま》や開聞岳《かいもんだけ》、

高隈山《たかくまやま》、遠くに市房山《いちふさやま》も見える。最高点は、天《あま》の逆鉾《さかほこ》がある高さ4㍍ほど溶岩が積み重なったところだが、周囲を柵で囲ってあるので立ち入ることはできない。柵外の北側に山座同定盤があり、視界に捉えた山々を確認できる。

　下山は往路を引き返すが、火山礫の急斜面は、急げば止まれなくなる。足もとに注意してゆっくり下ろう。

高千穂峰山頂。鳥居と天の逆鉾は立入禁止となっている

CHECK POINT

1

高千穂峰登山口。登山規制のエリア等を知らせる案内板がある。ここからしばらく樹林の中、石畳の遊歩道を登る

2

森林限界をすぎると展望が開け、赤茶けた溶岩のザレを登っていく

3

御鉢の山肌をピンクに染めるミヤマキリシマの大群落を眺めながら、溶岩の道を登る

4

御鉢への途中から眺める中岳。右下のピンク色の箇所は、鹿ヶ原に咲くミヤマキリシマ

5

馬の背とよばれる御鉢の火口縁。火口底までの深さは100㍍ほどある。強風と濃霧時は滑落に要注意だ

6

背門丘から最後の登りで山頂を目指す。広々とした斜面の中の登山道をひたすら登っていく

7

高千穂峰のてっぺんの岩に突き刺さる天の逆鉾。坂本龍馬が引き抜いたと書いて送った手紙の文が残る

8

2等三角点と山座同定盤のある山頂からの眺め。灰色に覆われた新燃岳(左)、その背後は韓国岳、右端のピークは夷守岳

9

山頂にある高千穂山頂山小屋(避難小屋・収容10人)。無料で自由に利用できる

▬ は2018年8月現在の主な通行止めのコース。
詳細は霧島市ホームページ内「霧島の山々」を参照。

民話伝説の火口湖から霧島連山の最高峰に立つ

大浪池・韓国岳

おおなみのいけ　1411m
からくにだけ　1700m

日帰り

歩行時間＝4時間50分
歩行距離＝8.3km

技術度

体力度

コース定数	＝19
標高差	＝640m
累積標高差	↗ 759m ↘ 759m

大浪池展望所から望む大浪池と霧島連山最高峰の韓国岳

大浪池の火口縁に咲くマンサク

ミヤマキリシマ群落の中を韓国岳へ

大浪池はおよそ5万年前の噴火でできた日本一高所にある火口湖で、水面の直径が約650メートルある。お浪《なみ》という名の美しい娘の民話伝説から、この池をお浪の池とよんでいたが、現在はこの池のある山を大浪池と称している。大浪池展望所までなら45分ほどで登れるので、家族連れのハイキングに最適なコースとして人気が高く、四季を通して多くの登山者が訪れる。ここでは大浪池からさらに霧島《きりしま》連山の最高峰・韓国岳を目指す。

避難壕のある**大浪池登山口**から石畳の登山道を登る。木陰の登山道はひんやり爽快で、森林浴にぴったりのコースだ。石畳が途切れ、溶岩のガレを登ると**大浪池展望所**に着く。青緑色の湖面と火口壁の背後に、半球形の韓国岳がきっち

■**鉄道・バス**
往路・復路＝JR日豊本線霧島神宮駅から鹿児島交通バスに乗り、丸尾で霧島連山周遊バスに乗り換え大浪池登山口へ。霧島連山周遊バスは便数が少ないので、霧島神宮駅などからタクシー利用も考慮したい。

■**マイカー**
九州道溝辺鹿児島空港ICから霧島温泉郷・丸尾を経由して県道1号を走れば、大浪池バス停が登山口。駐車スペースやトイレ、避難壕もある。

■**登山適期**
マンサクは3月中旬から4月上旬、ミヤマキリシマ、ミツバツツジは5月中旬から6月初旬、紅葉は10月下旬が見ごろ。冬の寒波到来時は樹氷の雪山を楽しめる。

■**アドバイス**
▽霧島火山の活動状況により、立ち入り制限や国道が通行止めとなる場合がある。
▽積雪時はアイゼン持参が無難。

■**問合せ先**
霧島市牧園総合支所☎0995・45・5111、えびのエコミュージアムセンター☎0984・33・3002、鹿児島交通国分営業所（バス）☎0995・45・6733（霧島連山周遊バスも）、有村タクシー霧島☎0995・57・1119

■**2万5000分ノ1地形図**
韓国岳

＊コース図は27ページを参照。

＊本項の登山道の状況は、えびのエコミュージアムセンターホームページ内「火山情報」を参照のこと。

紅葉に染まる大浪池。ブルーの湖面にひときわ映える

韓国岳山頂から望む白煙を上げる新燃岳と高千穂峰

りと収まる景観は、まるで額縁のない風景画を観るようである。ここから湖面に下る道があり、5分で湖面に着く。神秘的な湖面にたたずむと、今にもお浪の化身である伝説の龍が現れそうである。

展望所から大浪池を東回りに進む。春はマンサク、ミツバツツジ、ミヤマキリシマなど、初夏には火口壁に点在するオオヤマレンゲの白い花が見られる。秋は紅葉が湖面に映え、冬は樹氷も美しい。右手には、平成23年1月、189年ぶりに大噴火した新燃岳《しんもえだけ》の火口から吹き上がる白煙が見える。

火口縁をちょうど半周し韓国岳との鞍部に下ると、**韓国岳避難小屋**に着く。鞍部《あんぶ》にはベンチがあり、ひと休みしたら韓国岳に向かう。

スズタケを切り開いたゆるやかな登山道を登ると木階段が現れ、急登となる。山頂が近づくにつれミヤマキリシマの群落が広がり、シーズンにはみごとな花畑になる。

山頂直下の溶岩のガレ場を登ると、溶岩塊が露出した**韓国岳**山頂に着く。山頂には直径900㍍の噴火口跡があり、火口底をのぞけば、深さ約300㍍の絶壁に足がすくむ。山頂からの展望は360度、霧島連山の各ピークをはじめ、錦江《きんこう》湾や桜島《さくらじま》、開聞岳《かいもんだけ》など、県本土の主要な山々を見渡せる。

下山は**韓国岳避難小屋**まで往路を下り、大浪池西回りコースをとる。えびの岳《だけ》や栗野岳《くりのだけ》方面の展望を楽しみながら**大浪池展望所**に戻り、往路を**大浪池登山口**に下る。

CHECK POINT

1

大浪池へは、噴火の際の避難壕がある大浪池登山口バス停からスタートする

2

登山口から樹林に覆われた、石畳の登山道を進む

3

溶岩塊が露出している大浪池展望所。テーブルとベンチが設置してある

4

展望所から5分下ると大浪池畔に出る。ここから眺める大浪池はより神秘的だ

5

大浪池展望所から木道を歩いて東回りコースをとる

6

大浪池と韓国岳との鞍部にある韓国岳避難小屋。無人で通年開放されている

7

韓国岳山頂直下の溶岩のガレ場。落石しないよう足もとに注意して登ろう

8

雪が残る霧島連山最高峰・韓国岳山頂。360度の大展望を楽しもう

は2018年8月現在の主な通行止めのコース。詳細はえびのエコミュージアムセンターホームページ内「火山情報」を参照。

韓国岳登山道から望むえびの岳。火口跡の凹みがよくわかる

03 えびの岳

えびのだけ
1293m

えびの高原から手軽に霧島の自然と展望を楽しむ

日帰り

歩行時間＝1時間25分
歩行距離＝3・6km

技術度
体力度

コース定数 ＝**6**	
標高差 ＝116m	
累積標高差	↗ 171m
	↘ 171m

えびの岳は、えびの高原の南西にあるなだらかな山容の山で、山頂は鹿児島、宮崎の県境にあるが、登山道の大半は鹿児島県側に設けられている。登山口と山頂との標高差はわずか100メートルほどしかなく、登山というより、散策のイメージのほうが合う。しかし一度登ってみると、美しいアカマツ林と多様な植生、また眺望にも恵まれ、意外な魅力に気づかされる。とくに霧島《きりしま》であまり見かけなくなったヒカゲツツジが多く、また、ミツバツツジやキリシマミズキ、オオカメノキやシロモジなど各所に見られ、5月初旬に登れば、これらの花を一度に楽しめる。

登山道の途中から望む、浅く凹んだえびの岳の火口跡

春の登山道沿いに咲くヒカゲツツジ。えびの岳に多い

■**鉄道・バス** 往路・復路＝JR日豊本線霧島神宮駅から丸尾方面への鹿児島交通バスに乗り、丸尾で霧島連山周遊バスに乗り換えてえびの高原へ。帰りも利用できる。霧島連山周遊バスは便数が少ないので、タクシー利用も考慮したい。

■**マイカー** 国道223号で霧島温泉郷の丸尾を目指す。丸尾から県道1号をえびの高原まで北上する。駐車場（有料）、公衆トイレ、売店などがある。

■**登山適期** 花と新緑の5月初旬から下旬、紅葉の10月中旬から下旬がベスト。

■**アドバイス** ▽えびのエコミュージアムセンター（☎0984・33・3002）は、霧島の自然や歴史、登山情報などをパネルや映像、標本などで紹介している（入館無料、無休）。

▽温泉は、国民宿舎えびの高原荘（☎0984・33・0161）が利用できる。

■**問合せ先** 霧島市霧島総合支所☎0995・45・5111、鹿児島交通国分営業所（バス）☎0995・45・6733（霧島連山周遊バスも）、有村タクシー霧島☎0995・57・1119

■**2万5000分ノ1地形図** 韓国岳

えびの岳展望所からの韓国岳。えびの高原と周囲の山を見渡す好展望地だ

えびの高原駐車場から県境に向かうと、**えびの岳登山口**がある。ミツバツツジが点在するなだらかなアカマツ林の尾根を火口縁まで登ると、平坦な道が続く。岩のある展望所付近はヒカゲツツジが多く、シーズンには薄黄色の可憐な花が周囲に映える。

ゆるやかな登りとなり、大岩を左から回りこむと、**えびの岳展望所**に出る。えびの高原を囲むように、北から東に白鳥山《しらとりやま》、甑岳《こしきだけ》、白煙を吹き上げる硫黄山《いおうやま》、韓国岳《からくにだけ》などが間近に、そして、西には栗野《くりの》岳《だけ》、遠くには紫尾山《しびさん》も望まれる。

ブナの大木やシロモジの群生地をすぎ、アカマツの並木道を進むと、4等三角点のある**えびの岳**山頂に着く。しかし樹林に囲まれて展望はない。

浅く凹んだ火口跡を右に見て、なだらかな尾根を下ると、美しいアカマツ林に入る。この一帯は、えびの岳登山コースの中で最も印象に残るゾーンだ。

まもなくえびの高原キャンプ村に出て、きれいに整備・清掃された場内の道を下ると、キャンプ村の**セントラルロッジ**に着き、キャンプ場を通って**駐車場**に戻る。

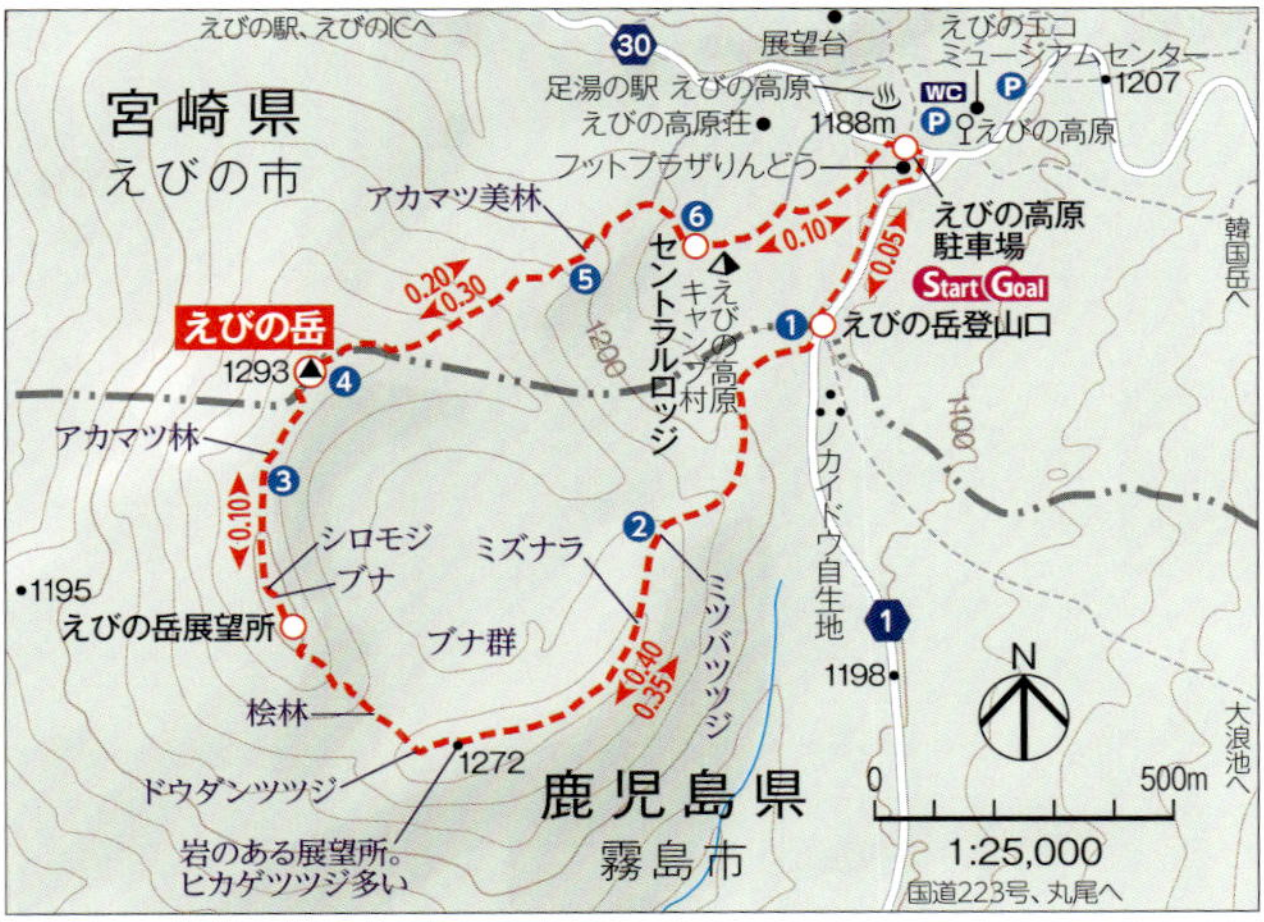

CHECK POINT

県道1号の鹿児島県と宮崎県との境にあるえびの岳登山口

春は登山道のあちこちでミツバツツジの花が楽しめる

山頂へは平坦なアカマツ林の稜線を進む

えびの岳の4等三角点。樹林に囲まれて展望はない

美しいアカマツ林の中を、えびの高原キャンプ村へ向かって下る

えびの高原キャンプ村のセントラルロッジ前に出て、出発地へ戻る

04

霧島連山と異なる趣の樹林帯縦走コース

烏帽子岳（霧島市）

えぼしだけ
988m

日帰り

歩行時間＝3時間30分
歩行距離＝6・9km

技術度
体力度

コース定数＝**15**

標高差＝513m

累積標高差 600m 600m

南東にある高千穂牧場から望む烏帽子岳（中央の丸い峰）と小烏帽子岳（左にある三角峰）

烏帽子岳は霧島《きりしま》連山と少し離れた西側にあり、韓国岳《からくにだけ》や高千穂峰《たかちほのみね》のように、雄大な展望には恵まれず、また霧島を代表するミヤマキリシマの群落が見られないことなどから、訪れる登山者は少ない。しかし、秋には他の山では見かけない、トリカブトの一種であるハナカズラの存在を知る登山者が開花時に訪れる。また、樹林帯の稜線には霧島でも屈指のモミジ群生地でみごとな紅葉が見られ、開放的な霧島連山のコースとは趣の異なる山歩きができる。

南側の展望がよい第1展望所。遠く高隈山がかすんで見える

山頂へは北面の新湯《しんゆ》温泉側から烏帽子林道経由の登山道があるが、ここでは霧島の七不思議のひとつ、文字《もじ》岩から山頂に登り、稜線を縦走して出発地に戻る周回コースを紹介する。

文字岩入口から文字岩まで登ると、**烏帽子岳（文字岩）登山口**がある。尾根を少し登ると4等三角点のある**第1展望所**に着く。南側が開け、高隈山《たかくまやま》の展望がよい。

樹林を抜け、稜線を通る林道跡を進む。四差路から山道に入るとすぐ**山神祠**《やまんかんほこら》があり、ここから急坂を登ると霧島連山を一望できる**第2展望所**に着く。

なだらかな尾根を進むと胸突《むなつ》き八丁《はっちょう》の急登がはじまる。標高差約100㍍《メートル》を登ると新湯温泉側から

■**鉄道・バス**
往路＝JR日豊本線霧島神宮駅から鹿児島交通バスで横岳下へ。
復路＝農園入口から鹿児島交通バスで霧島神宮駅へ。

■**マイカー**
霧島神宮入口から国道223号を神話の里公園へ向かい、横岳下バス停の約60㍍《メートル》先から文字岩入口まで舗装道を上がる。駐車スペースあり。

■**登山適期**
ヤマザクラの咲く3月、新緑の5月、ハナカズラの花と紅葉の10月下旬がおすすめ。

■**アドバイス**
▽文字岩の隙間は狭く暗いので、奥を覗くにはヘッドランプが必要。
▽近くにある霧島神話の里公園は、霧島の自然と錦江湾や桜島、開聞岳など一望する大パノラマと、遊覧リフトやスーパースライダーなど楽しい施設がいっぱい。夏休み期間はブルーベリー狩りもできる。
▽温泉は丸尾地区に多数、県道60号沿いの霧島田口に神乃湯（☎0995・57・3901）がある。

■**問合せ先**
霧島市霧島総合支所☎0995・45・5111、鹿児島交通国分営業所（バス）☎0995・45・6733

■**2万5000分ノ1地形図**
霧島温泉

CHECK POINT

1 文字岩の案内板と道標がある文字岩入口。文字岩へは、整備された歩道を約800メートル上がる

2 霧島の七不思議のひとつである文字岩。手の入らない狭い岩の隙間に文字が刻まれているという

3 烏帽子岳文字岩コース登山口。まず4等三角点のある第1展望所へゆるやかな尾根を登る

4 登山道にある山神祠。「享保10年巳年十月吉日」の刻みがある

5 839メートル標高点の第2展望所。霧島連山を一望することができる。右から高千穂峰、中岳、新燃岳

6 小烏帽子岳は周囲の木枝がのびて、かろうじて高千穂峰の山頂部を望むことができる

7 小烏帽子岳から急坂を下ると、すっきりした木立のなだらかな稜線歩きとなる。秋はモミジのみごとな紅葉

8 アカマツに囲まれた赤松ピーク。万年青も群生している。ここから烏帽子岳（南）登山口へ急な尾根を下る

9 下山路の途中にある祠石。登山口まではあと20分ほど下る

10 下山終了点の烏帽子岳（南）登山口。ここからあずまやのある国道223号までは約80メートルほど

烏帽子岳山頂。樹間から霧島連山が覗けるが、展望はよくない

秋の烏帽子岳山頂や縦走路で見られるハナカズラの花。10月下旬が見ごろ

の登山道が出合い、すぐ**烏帽子岳**山頂に着く。間伐された杉林からは、霧島連山が垣間見える。

山頂から急坂を下って少し登ると、**小《こ》烏帽子岳**に着く。高千穂峰の山頂部、北側から烏帽子岳、大《おお》浪《なみ》池や韓国岳などが望める。

山頂から急坂を下り、鞍部《あんぶ》に向かってなだらかな尾根を下る。一帯はモミジの群生地で、秋は紅葉がすばらしい。またハナカズラの花にも会える。稜線を進むと、4等三角点のある**赤松《あかまつ》ピーク**に着くが、展望はなく、この先は私有地で立入禁止になっている。

道標にしたがい、南西方向へアカマツやヤマザクラが点在する尾根を下ると**祠《ほこら》石**がある。樹林を抜け、伐採跡に出て作業路を下ると、**烏帽子岳（南）登山口**に出る。

あずまやでひと息入れたら、雄大な展望を楽しみながら国道を歩き、文字岩入口への林道を上がって**文字岩入口**に戻る。

＊コース図は32ページを参照。

えびの高原へ
970
新湯温泉
栄之尾温泉
819
林田温泉
明礬温泉
963
新湯温泉
新湯
ゲート
烏帽子林道入口
722
867
硫黄谷温泉
984
高千穂河原へ
鹿児島空港・横川IC へ
丸尾温泉
烏帽子林道
0.30
丸尾
丸尾滝
835
霧島市
793
湯之谷温泉
湯之谷川
985
栗川温泉
湯之谷
584
烏帽子岳登山口
中津川
0.30
0.25
835
霧島バードライン
大瀬戸
685
胸突き八丁の急登続く
烏帽子岳
988
537
223
0.40
0.30
3等三角点
栗川
0.15
第2展望所
839
小烏帽子岳
928
0.10
0.05
三本木
山神祠
一帯はモミジの群生地
林道が分岐する
632
0.30
0.40
474
0.20
烏帽子岳(南)登山口
0.10
0.15
赤松ピーク
790
烏帽子岳(文字岩)登山口
第1展望所
700
祠石
4等三角点。展望なし
0.05
0.10
0.20
0.30
文字岩
あずまや
0.15
452
農園入口
538
542m
Start Goal
文字岩入口
神話の里公園
神話の里入口
神話の里公園
道の駅霧島
駐車スペース
横岳下
黒岩
404
0.40
489
489
霧島田口
霧島神宮へ
さくらさくら温泉
0
500m
1:25,000

栗野岳

9つのピークを越えて出会う圧倒的な巨木群

くりのだけ
1102m

日帰り

歩行時間＝3時間45分
歩行距離＝5・7㎞

技術度 体力度

コース定数＝**14**
標高差＝547m
累積標高差 507m 700m

湧水町から眺めた栗野岳。中央が山頂。巨木群は左のなだらかな斜面にある

栗野岳はおよそ30万年前、霧島《きりしま》火山帯で最初に形成された山で、山麓の湧水《ゆうすい》町からは、なだらかな山容と中腹に八幡大《はちまんだい》地獄《じごく》から立ち昇る白煙が望まれる。栗野岳の北西面には日本一のタブの原生林があり、スダジイと合わせ、樹齢数百年・幹周り1メートル以上の巨木が400〜500本点在し、この山の大きな魅力となっている。

山麓には、芸術と自然を楽しめる霧島アートの森や栗野岳レクリエーション村、さらに江戸時代中期に開かれ、西郷隆盛《さいごうたかもり》も湯治に来ていたという栗野岳温泉南洲《なんしゅう》館などがある。

栗野岳登山口は、日本一の枕木階段から250メートルほど栗野岳温泉側にある。丸太で整備されたカシワ林を登り、林道を横切ると、P-1まで急登が続く。新緑と紅葉の季節は、ミズナラと北斜面に点在するブナが美しい。

P-1に着くと急登

雪の日に訪れて見上げるスダジイの巨木

■**鉄道・バス**
往路＝JR肥薩線栗野駅からタクシーで栗野岳登山口へ。
復路＝縦走コース終了点からタクシーで栗野駅へ。

■**マイカー**
九州道栗野ICから県道103号を栗野岳温泉へ向かうと、温泉の約1・5キロ先に栗野岳登山口がある。霧島市からは、国道223号にある霧島町高千穂の柳平三差路を左折、県道103号を北上する。

■**登山適期**
新緑と紅葉の時期がベスト。

■**アドバイス**
▽トイレは、日本一の枕木階段の登り口にある。駐車場もあるので、ここから出発してもよい。登山口まで歩いて5分。
▽縦走の場合、あらかじめ下山口に車を置いておくか、タクシーを呼んで栗野岳登山口に戻る。
▽栗野岳温泉南洲館（☎0995・74・3511、立ち寄り入浴可）の裏には、白煙を上げて沸き立つ八幡大地獄がある。

■**問合せ先**
湧水町栗野庁舎☎0995・74・3111（湧水町ふるさとバスも）、原口有村タクシー栗野営業所☎0995・74・3121

■**2万5000分ノ1地形図**
韓国岳

＊コース図は35ページを参照。

↑栗野岳温泉南洲館の裏手にある湯煙沸き立つ八幡大地獄。温泉から徒歩約10分

→見晴台からは、韓国岳や大浪池、えびの岳など霧島の山々が視界いっぱいに広がる

から解放される。モミジ群生地は、一帯すべてモミジで、紅葉の時期なら周囲をひとめぐりするとよい。**見晴台《みはらしだい》分岐**からまっすぐ進むと、草地の広場になった**見晴台**(P-3)に着く。えびの岳《だけ》に韓国《からくに》岳《だけ》や大浪池《おおなみ》、大霧《おおぎり》地熱発電所から立ち昇る白い蒸気も望まれる。

見晴台分岐に戻っていったん下るとロープのある岩場が現れるが、巻道がある。**栗野岳第2峰**(P-4)は先述の見晴台と同様、すばらしい展望を楽しめる。

北へ進み、栗野岳温泉側登山口へ下る分岐をすぎると、右に韓国岳展望所があり、すぐ**栗野岳山頂**(P-5)に着くが展望はない。

ヤブツバキの群生地を通り、金《きん》魚鉢《ぎょばち》石を見て、P-6から飯盛山《いいもりやま》展望所(P-7)を往復する。三角点のある**P-8**からヒメシャラの大木が林立するなだらかな稜線を進むと、縦走路最終ピークとなる**P-9**に着く。大岩があり、登ると霧島方面の展望がよい。

P-9から長い下りがはじまる。ヤマザクラの群生地から岩場を下ると、タコ岩がある。下りがゆるやかになると、ひときわ目立つタブの巨木に続いて**スダジイの巨木**が現れ、太古の時代にいるかのようだ。

牧場の柵まで下り、杉林から日本一のタブの原生林を通ると、まもなく**縦走コース終了点**の車道に出る。

CHECK POINT

1 栗野岳登山口は、枕木階段の登り口から栗野岳温泉側へ250メートルほど北にある駐車場のすぐ上にある

2 ブナのあるP-1でひと息。急登はここまでで、見晴台までなだらかな尾根を進む

3 雄大な展望が広がる見晴台。眼下に大霧蒸気発電所の白煙が上がる

4 栗野岳第2峰からの展望。カヤが刈られた広場から霧島方面を一望できる

5 樹林に囲まれた栗野岳山頂。展望は50メートル手前にある韓国岳展望所から楽しもう

6 登山道にある金魚鉢石。雨水が溜まっているので、金魚を入れてみたい気になる

7 P-8すぐ先のヒメシャラ群生地。これほどの群生は県内の他の山では見られない

8 日本一のタブの原生林には、このようなタブの巨木があちこちにある

N
0
500m
1:30,000
354
401
400
465
623
595
598
上床牧場
644
620
宮崎県
えびの市
飯盛山
846
695
632
682
日本一の
タブの巨木の原生林
杉林
スダジイの巨木
500
縦走コース終了点
555m
Goal
556
512
600
0.35
0.40
8
タブの巨木
ヒガンザクラ自生南限地
タコ岩
755
700
800
823
677
1.20
0.40
岩場の下り
この間は地元の登山愛好家
グループが自然保護のため、
登りコースとしての使用を
禁止している
569
544
900
755
鹿児島県
湧水町
霧島方面の展望がよい
大岩がある
1000
P-9
0.10
7
ヒメシャラ林
P-8
1088
桜島・錦江湾展望所
P-6
飯盛山展望所（P-7）
997
479
795
6
金魚鉢石
0.35
栗野岳温泉
八幡大地獄
南洲館
694
栗野岳
（P-5）
1100
5
1102
十三塚
442
585
栗野岳温泉
103
韓国岳展望所
分岐
十三塚
栗野駅、栗野ICへ
栗野岳温泉側
登山口
978
0.50
0.30
第1展望台
0.25
0.30
（P-4）
栗野岳第2峰
4
1094
岩場
巻道
ミズナラの尾根。
北面はブナが
点在する
753
栗野駅から湧水町
ふるさとバスが
運行されている
655
0.10
0.15
0.03
0.02
3
1069
見晴台
（P-3）
見晴台分岐
P-2
0.15
0.10
栗野岳展望台
753m
1
栗野岳
登山口
Start
0.40
0.30
2
P-1
1029
739
0.05
595
枕木階段の登り口
展望台
日本一の枕木階段
レクリエーション村
モミジ群生地
929
444
霧島アートの森
木場
597
霧島アートの森
797
103
772
659
443
栗野駅、栗野ICへ
柳平三差路、霧島温泉郷へ

06

県境の山にある三角形ピークの山から天草諸島などを望む

矢筈岳（出水市）

やはずだけ 687m

日帰り

歩行時間＝2時間50分
歩行距離＝4・5km

技術度
体力度

コース定数	＝**12**
標高差	＝414m
累積標高差	↗ 504m ↘ 477m

稲穂が実る出水平野の奥に、ひときわ目をひく三角形の矢筈岳

矢筈岳は、万羽鶴の越冬と日本有数の武家屋敷群が残る町として名高い出水《いずみ》市と熊本県水《みな》俣市との県境にあり、出水平野とよばれる広大な平野の奥にそびえる三角形の山頂がひときわ目をひく。雄岳《おだけ》ともよばれ、隣のピークに女岳《めだけ》がある。西麓にある加紫久利《かしくり》神社は奈良朝の頃にはすでに存在し、延《えん》喜《ぎ》式神名帳に記載されている歴史ある神社で、昔は矢筈岳を加紫久利山《やま》ともよんでいた。

山頂の展望がよく難路もないので学校行事や地域のレクリエーションでも登られ、また地元の小中高校の校歌に歌われて、地域のシンボルとして親しまれている。

高山彦九郎の句を刻んだ大岩のある矢筈岳山頂

矢筈林道終点にある**矢筈岳登山口**から沢沿いの道を進むと、涸れた沢中のゴツゴツした岩道を登るようになる。大きな岩壁の基部を通過し、沢の水場をすぎると、次々に炭焼き窯跡が見られる。浅い谷の桧林を登り、尾根に出ると**大《おお》平《ひら》コース登山道が出合う**。

平坦な尾根を進み、山頂への急坂を登れば、明るく開けた**矢筈岳**山頂だ。展望は霧島《きりしま》連山、紫尾山《しびさん》、遠方に開聞岳《かいもんだけ》、また山頂北側の展望所からは出水・水俣市街地、八《やつ》代海《しろかい》と天草《あまくさ》諸島、長《なが》島などが一望できる。山頂にある大岩には、江戸時代の勤王思想家で、「寛政《かんせい》の三奇人」のひとりといわれた高山彦《たかやまひこ》九郎《くろう》が矢筈岳に登って詠んだ歌が刻まれている。

下山は大平コースを下り、**鬼立《おんたて》岩分岐**から鬼立岩へ向かう。第1展望台に着くと、すぐ**鬼立岩**がある。高さ約25メートルの岩峰で、**第2展望台**から眺めると格好いい。**鬼立岩分岐**まで戻り、少し下る

雄大な展望が広がる第1展望台

■**鉄道・バス**
九州新幹線・肥薩おれんじ鉄道出水駅からのバス便はない。タクシーを利用して各登山口へ。

■**マイカー**
国道328号経由なら、出水市宇都野々信号から北薩オレンジロードを利用するのが便利。国道3号からは、加紫久利神社横を通って矢筈林道に入る。大平コース登山口は、大平集落の最奥部にある。

■**登山適期**

と右手に巨岩の岩屋が目に留まる。コウモリの住処になっているので、**コウモリ岩屋**とよばれている。

岩屋をあとに杉林を下ると林道に出るが、そのまま横切る。沢沿いを下り、壊れたコンクリート舗装道を下ると**大平コース登山口**の道路に出る。

CHECK POINT

米ノ津コースは、矢筈林道の終点にある矢筈岳登山口を出発する

涸れた沢の中、ゴツゴツした岩の道を進む

大きな岩壁の基部を通過すれば沢の水場に出る。水は涸れていることもある

山頂北側の展望所からは出水と水俣の市街地、八代海に浮かぶ諸島が見える

第2展望台からの鬼立岩。岩壁はロッククライミングのゲレンデ

大平コースを下れば、巨岩のコウモリ岩屋がある

出水のシンボル・鶴の見学を兼ねて、11月から3月がおすすめ。

■**アドバイス**

▽マイカー1台の場合、大平へ下山するなら、タクシーを予約しておく。▽ツルの見学施設として、出水市ツル観察センター（☎0996・85・5151）がある。▽出水麓地区には、国の重要伝統的建造物群保存地区に指定された武家屋敷群や、麓に関する歴史と文化を紹介する出水麓歴史館（☎0996・68・1390）がある。

麓地区に残る武家屋敷。2軒が無料で一般公開されている（9～17時、年中無休）

▽温泉は山間部に折尾野温泉、湯川内温泉のほか、市街地に数軒ある。

■**問合せ先**

出水市シティセールス課☎0996・63・2111、出水市観光協会☎0996・79・3030、旭交通タクシー☎0996・62・1411

■**2万5000分ノ1地形図**

湯出

07 紫尾山

北薩地方唯一の1千㍍峰から楽しむ360度の展望

日帰り

しびさん 1067m

歩行時間＝3時間20分
歩行距離＝6・0㎞

技術度 体力度

コース定数	＝15
標高差	＝542m
累積標高差	661m（登り） 661m（下り）

↑国道328号のさつま町平川地区から望む紫尾山。電波塔のある右端が山頂

←寒波到来時に積雪した紫尾山頂。鹿児島で雪山登山を楽しめる貴重な山である

紫尾山は、出水《いずみ》市と薩摩《さつま》郡さつま町にまたがり、北薩《ほくさつ》地域で唯一1千㍍を超える。山名の由来は、秦《しん》の使者・徐福《じょふく》が不老不死の薬草を求めてこの地に着き、山の神に冠についていた紫のひもを献じたという説がある。テレビ局等の電波塔が林立する山頂一帯は紫尾山頂公園として整備され、山頂まで車道が通じているので、展望を楽しみに車で上がってくる人も多い。

登山道には、迫力満点の千尋《せんぴろ》ノ滝があり、山頂付近一帯に学術的に重要なブナのほか、アカガシ、モミなどの大木が点在する。冬の寒波到来時には、県本土ではいち早く積雪や樹氷が見られ、雪山登山を楽しめる貴重な存在となる。

林道終点の**紫尾山登山口**から登山道に入ると、すぐ東《ひがし》尾根コース登山口への分岐がある。水音が間近に聞こえると木橋があり、目前に天空から落水する**千尋ノ滝**（3段目・落差約40㍍）がある。飛沫を浴びて橋を渡り、丸太階段の急坂を5分ほど登ると、野鳥観察小屋のある千尋ノ滝の落口に達する。落口からは霧島《きりしま》連山が望まれ、対岸の岩上には観音菩薩《ぼさつ》が登山者を見守るように鎮座している。

再び丸太階段の急坂を登り、浅い谷筋を**尾根出合**まで登る。左折してなだらかな尾根を進むと**定之《じょうの》段《だん》林道**に出て、左に50㍍ほど行くと上宮《じょうぐう》神社への登り口がある。母《はは》様《さま》入口をすぎると、大きな杉のある境内にひっそり建つ上宮神社がある。参拝して進むと堀切《ほりきり》峠から山頂へ通じる**車道**に出る。

電波塔を目指して車道を歩くと広い**駐車場**に出る。山頂は目前だ。山座同定盤のある**紫尾山**山頂は、360度の展望が得られ、出水平野と矢筈岳《やはずだけ》、東シナ海、遠くに霧島連山や桜島《さくらじま》、開聞岳《かいもんだけ》など雄大なパノラマを楽しめる。

下山は往路を引き返す。

千尋ノ滝3段目（落差約40メートル）

CHECK POINT

森林ふれあい林道終点にある紫尾山登山口。3～4台の駐車スペースがある。ここから千尋ノ滝まで約5分

千尋ノ滝の落口は明るく開け、絶好の休憩ポイント。霧島方面の展望がよい

定之段林道に出たら左に50メートル行くと上宮神社への登り口がある

上宮神社の拝殿。ご神徳は縁結び、家内安全、商売繁盛とされる

上宮神社への参道入口にある鳥居をくぐると堀切峠から山頂へ通じる車道に出る

北薩唯一の1千メートル峰・紫尾山山頂。360度の展望がある（奥は出水市の矢筈岳）。

■鉄道・バス
往路・復路＝紫尾山登山口へはさつま町宮之城からタクシーを利用する。

■マイカー
国道328号の紫尾峠手前からさつま町登尾集落に入り、森林ふれあい林道を終点まで上がると紫尾山登山口がある（駐車スペースあり）。

■登山適期
ヤマヒルの活動が盛んな、梅雨時期から夏期は避けよう。晩秋から春先までがベスト。

■アドバイス
▽登山口への森林ふれあい林道は、森林体験学習舎（閉鎖中・駐車場あり）までは舗装、その先登山口まで一部未舗装箇所がある。
▽東尾根コースは、展望のない尾根を山頂へ直登するもので、登山口から約2時間20分。
▽ヒル対策としては、肌を露出しないこと。かまれたらあわてず取り除き、カットバン等で応急止血する。痛みはない。
▽温泉は紫尾温泉・紫尾区営大衆浴場（☎0996・59・8975）がある。

■問合せ先
さつま町商工観光PR課☎0996・53・1111、神園タクシー（宮之城）☎0996・53・3131

■2万5000分ノ1地形図
湯田・紫尾山

08

烏帽子岳（姶良市）

えぼしだけ 703m

昔懐かしい風景が残る集落から姶良市の最高峰を訪れる

日帰り

歩行時間＝2時間45分
歩行距離＝5・9㎞

技術度
体力度

コース定数	=12
標高差	=416m
累積標高差	↗ 490m ↘ 490m

草地の山頂からは、錦江湾、桜島など望むことができる

きれいに石積みされた杉林の林道を進んで三差路へ向かう

姶良《あいら》市と霧島《きりしま》市との境界にある烏帽子岳は、姶良市で唯一700㍍を超える、姶良市の最高峰である。登山道は整備され、山頂は明るい草地で展望に恵まれているが、山間部の奥深い場所にあるためか、訪れる登山者は少ない。しかし、静かな山行を好む向きには、一度は登っておきたい山である。

烏帽子岳へは、姶良市街地から県道446号を北上し、県民の森を目指す。県民の森入口をすぎ、堂山《どうやま》地区に入ると、すぐ県道462号の起点となる三差路に出る。ここから県道462号を進み、岩《いわ》井田《いだ》地区に入ると、**岩井田バス停**がある。付近に駐車して、石積みの棚田、民家の背後に里山がある昔懐かしい風景の中を歩くと、右から林道が出合い、**烏帽子岳登山道入口**の道標がある。

杉林の隙間に烏帽子岳を眺めて、沢音を聞きながら林道を進む。みごとに石積みされた擁壁のある杉林をすぎると、**三差路**に出る。右に進み、竹林をすぎるとしだいに林道は狭くなり、荒れてくる。林道が分岐する地点まで進むと、**烏帽子岳登山口**の道標がある。

いきなり尾根の急登ではじまるが、露岩が現れると傾斜がゆるむ。しばらく平坦な登山道を進むと、道標がある尾根の合流点に出る。

左折して進むと再び急坂となるが、ひと息つく間もなく**烏帽子岳**山頂に着く。草丈がのびてやや展望が悪いが、東方に霧島連山、間近にどっしりとした山容の長尾《ながお》山《やま》、南に高隈山《たかくまやま》と桜島《さくらじま》、遠く開聞《かいもん》岳《だけ》、北西には紫尾山《しびさん》も望まれる。

下山は往路を引き返す。

■**鉄道・バス**
往路・復路＝JR日豊本線帖佐駅から南国交通バス木場行きで岩井田へ。ただし平日のみの運行。タクシー利用も考慮したい。
■**マイカー**
県道446号を北上し、県民の森入口を通過、県道462号を姶良市岩井田地区へ。軽4WD車なら烏帽子岳登山口まで（約1・8㌔）入れるが、登山口近くの林道は荒れている。
■**登山適期**
通年。梅雨時期と真夏は避けよう。
■**アドバイス**
▽霧島市側の野坂集落から烏帽子岳への道は廃道となっている。
▽山頂の北から西にのび、標高点586㍍がある稜線は縦走意欲に駆られるが、踏跡も展望もなくおすすめ

CHECK POINT

岩井田バス停付近に駐車し、烏帽子岳登山道入口に向かう

岩井田集落ののどかな田園風景を眺めながら、烏帽子岳登山道入口への道路を歩いていく

県道から分岐する林道に、烏帽子岳登山道入口への大きな道標がある

登山口からの急坂をすぎ、平坦となった尾根の合流点。ここから左折し、再び急坂を山頂へ向かう

烏帽子岳山頂から望む霧島連山。左端が韓国岳、右端が高千穂峰

姶良市堂山地区から眺める同市最高峰の烏帽子岳

できない。

▽姶良市北山地区のスターランドAIRA（☎0995・68・0688）は、天体望遠鏡とプラネタリウムがある、星や宇宙に親しめる施設。

9時～16時30分（土・日曜は13～21時）開館、月・火曜（祝日は開館）、年末年始休館

■問合せ先
姶良市商工観光課☎0995・66・3111、南国交通本社（バス）☎099・255・2141、安田タクシー（帖佐駅）☎0995・65・3145

■2万5000分ノ1地形図
薩摩黒木

09

姶良市と霧島市との境を縦走する森林浴コース

長尾山・本仏石・仏石

日帰り

歩行時間＝3時間20分
歩行距離＝5・2km

技術度 ■□□□□
体力度 ■□□□□

長尾山	ながおやま	680m
本仏石	ほんほとけいし	670m
仏石	ほとけいし	678m

コース定数＝**14**

標高差＝206m

累積標高差 ↗620m ↘583m

西面の姶良市山花地区から本仏石（中央のピーク）と右に最高峰の長尾山、左に仏石を望む

長尾山は、昭和59年に鹿児島県が開催地となった全国植樹祭を記念して開設された県民の森の中心部、姶良《あいら》市と霧島《きりしま》市との境に位置する。登山や自然散策コース、バンガローなどが整備され、また毎月各種の学習会やイベントが開催されるなど、四季を通じて県民の憩いの場となっている。

長尾山登山は、南《みなみ》登山口から長尾山に登り本仏石を往復したあと、林道長尾山線に下るのが一般的だが、ここではさらに仏石を経て北《きた》登山口へ縦走して、たっぷり森林浴を楽しむことにしよう。

長尾山山頂にある高さ約4メートルの展望台

岩の上に祠がある本仏石山頂

南登山口から急坂ではじまるが、階段状に整備され、また要所には行き先と距離を示す立派な道標がある。傾斜がゆるやかになるとログハウスづくりの避難小屋があり、すぐ**長尾山**山頂に着く。高さ4メートルほどの丸太組みの展望台があり、霧島連山、高隈山《たかくまやま》、桜島《さくらじま》や開聞岳《かいもんだけ》、金峰山《きんぽうざん》など大パノラマが広がる。

山頂からロープのある急坂を下り、少し登ると仏石との**分岐**に出る。左折して本仏石に向かうと、すぐ林道長尾山線への分岐がある。ロープが張られた狭い稜線を登り下りすると、大岩に古い祠がある**本仏石**に着く。目前に仏

■鉄道・バス
往路の南登山口、復路の北登山口ともに、登山に適した公共交通機関はない。JR日豊本線帖佐駅からタクシー利用が現実的。

■マイカー
九州道姶良ICから、県道446号十三谷重富線の県民の森入口バス停を経て県民の森へ向かう。

■登山適期
通年登れるが、新緑の5月と秋から冬がよい。

■アドバイス
▽縦走の場合、あらかじめ北登山口に車を回しておく。南登山口まで林道を歩いて戻る場合は約2時間。
▽県民の森管理事務所で登山コースのパンフレットをもらえる。登山前に立ち寄るとよい。
▽温泉は、県道446号を南下すれば、姶良市船津に船津温泉（☎0995・65・7777）がある。

■問合せ先
姶良市商工観光課☎0995・66・3111、鹿児島県県民の森管理事務所☎0995・68・0557、南国交通本社（バス）☎099・255・2141、安田タクシー（帖佐駅）☎0995・65・3145、第一交通（タクシー・帖佐駅）☎0995・66・1000

■2万5000分ノ1地形図
横川・薩摩黒木

石のピーク、北登山口へ連なる起伏の多い稜線が眺められる。

分岐に戻り仏石に向かう。**仏石**は展望がなく、仏石の名を示す石もない。急坂を下り、そのぶんを登り返すと**660**メートル**ピーク**に着くが、ここも展望はない。急坂を下っては登るを数回くり返すと、4等三角点のある**673・8**メートル**ピーク**に着くが、ここも展望はない。

ようやくなだらかな下りとなり、尾根を直角に左折すると、突然伐採地に出て展望が開け、烏帽子岳《えぼしだけ》を正面に眺めながら下ると、縦走終了点の**北登山口**に着く。

CHECK POINT

登山コースの案内板がある長尾山南登山口。駐車場、トイレがある

南登山口から長尾山へ、自然林の中を整備された登山道を登る

長尾山の山頂東側にある丸太組みの避難小屋。この30メートルほど先に長尾山の山頂がある

北登山口の近くまで下ると突然伐採地に出て、正面に烏帽子岳（中央奥のピーク）など展望が広がる

県道446号上の北登山口。縦走の場合はここに車を回しておく。南登山口までは徒歩約2時間を要す

本仏石から望む仏石（右）と660メートルピーク

10

湖面に映る藺牟田池外輪山七峰を一周する

藺牟田池外輪山

いむたいけがいりんざん
509m（片城山）

日帰り

歩行時間＝3時間55分
歩行距離＝7・3km

技術度 ■□□□□
体力度 ■□□□□

藺牟田池畔からの「藺牟田富士」ともよばれる均整のとれた飯盛山

コース定数	＝18
標高差	＝213m
累積標高差	↗793m ↘793m

藺牟田池は、鹿児島県西部のほぼ中央部にある周囲約4キロの火山湖で、標高500メートル前後の7つの外輪山に囲まれている。県立自然公園に指定され、西側の湿地に見られる泥炭の浮島は、国の天然記念物である。また国内希少野生動植物種であるベッコウトンボが生息する貴重な湿地として、ラムサール条約に登録されている。

外輪山一周は、7つの峰を登り下りするので結構なアルバイトとなるが、途中からエスケープできるので、それぞれの体力に応じて登山できる。例年11月には地元の薩摩川内《さつませんだい》市祁答院《けどういん》町により、藺牟田池外輪山登山大会が催され、大勢の登山者が参加してにぎわう。

縦走は藺牟田池**駐車場**を起点にして、右回りでも左回りでもよい

■鉄道・バス

往路・復路＝九州新幹線・JR鹿児島本線川内駅から薩摩川内市市内横断シャトルバスでいむた池へ。ただしダイヤの関係で、往路か復路のどちらかはタクシー利用となる。

■マイカー

国道328号の日ノ丸交差点から、県道42号を藺牟田温泉入口まで走る。藺牟田池へ上がる道は3通りほどあるが、県道405号上の池口バス停から上がる道が広くて走りやすい。

■登山適期

3月下旬、池畔の約2千本のサクラが満開となる。梅雨時期はアジサイが見ごろで、秋は紅葉もよい。

■アドバイス

▽外輪山は、地形図に山名がない交蔓山を入れず6峰としたり、竜石も入れず5峰としているものもある。

▽湖畔にある、生態系保存資料館・アクアイム（☎0996・56・0085）は、藺牟田池の自然と環境保護のあり方を、映像や展示物、水中生物を水槽で飼育し紹介している。

▽温泉は、湖畔にレイクサイドホテルいむた清風（☎0996・56・0121、立ち寄り入浴可）があり、犬連れで宿泊ができる。

■問合せ先

薩摩川内市祁答院支所☎0996・55・1111、鹿児島交通川内営業

湖面に逆さに映る山王岳（左）と外輪山の最高峰・片城山（右）

竜石山頂からはしめ縄がかけてある竜石の左右に池と外輪山が俯瞰できる

池西側の湿地には国天然記念物の「泥炭形成植物群落」の浮島が見られる

が、ここでは最後に飯盛山から雄大な展望を楽しむ右回りで行こう。

愛宕山《あたごやま》登山口から整備された階段を登る。樹間に湖面を見下ろし、樹林帯を蛇行して高度をかせぐと、祠とベンチのある**愛宕山**に着く。池は望めないが南側が開け、遠くに桜島《さくらじま》も望むことができる。

鞍部《あんぶ》へ下り、急坂を登ると**舟見《ふなみ》岳《だけ》**に着く。ここも南側に展望が開けている。急階段を下り、車道に出て左へ進むと**竜石《たつい し》登山口**がある。

急坂を登って**交《こ》蔓《かずら》山《やま》**とよばれるなだらかな山頂を通過し、さらにひと登りすると、しめ縄がかけてある高さ20《メートル》ほどの巨岩・**竜石**に着く。ここは藺牟田池の全景を俯瞰でき、社のある竜石はパワースポットとして人気がある。竜石から少し下って車道に出たら、竜石伝説の案内板を一読しよう。

山王岳《さんのうだけ》登山口から、なだらかな尾根を登る。展望のよい岩場を越えると**山王岳**の山頂に着くが、ここは展望がない。急坂を下り、草地の鞍部から片城山《かたしろやま》に向かう。桧林をすぎると、左に自然石展望台があり、池と周辺の風景を楽しめる。ロープのある岩場を登ると、外輪山最高峰の**片城山**に着くが、ここも展望はない。

なだらかな尾根を下ると、クサリとロープのある急傾斜の岩場となり、これを下ると**草地の広場**に出る。ここから平坦な道を飯盛山《いいもりやま》へ向かう。飯盛山は「藺牟田富士《ふじ》」ともよばれる独立峰で、遊歩道をらせん状に一周半すると山頂の**パノラマ広場**に着く。

雄大な展望を楽しんだら、遊歩道を下り**駐車場**へ戻る。

＊コース図は46・47《ページ》を参照。

所☎0996・23・3181（市内横断シャトルバス）、旭交通（タクシー）☎0996・20・1111

■2万5000分ノ1地形図
塔之原

駐車場から眺める春の飯盛山

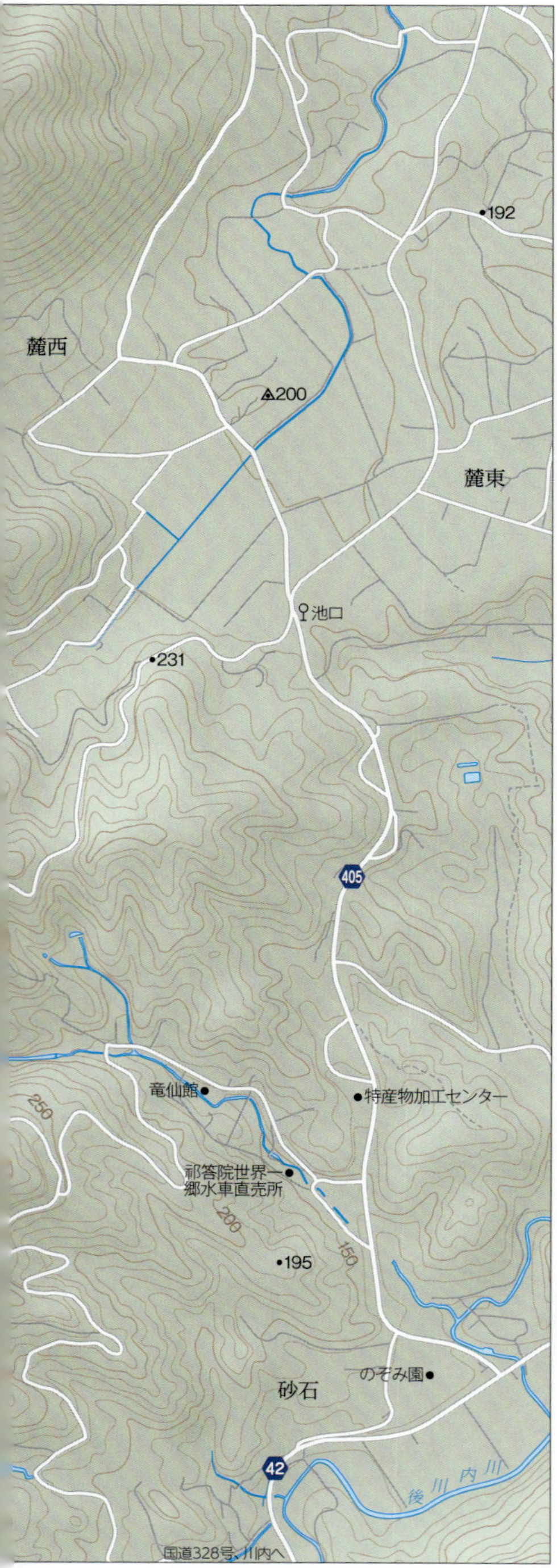

CHECK POINT

外輪山を右回りすると、駐車場の隅に愛宕山への登山口がある

祠とベンチがある愛宕山山頂。南側の展望が得られる

3等三角点のある舟見岳山頂。ここもベンチがあり、南側の展望がよい

林道上にある竜石登山口。ここから交蔓山まで急登が続く

大きな社がある竜石山頂は、池と外輪山を俯瞰する展望抜群のポイント

ロープのある岩場を登ると山王岳山頂に着く。樹林に囲まれて展望はない

片城山手前にある自然石展望台。飯盛山や愛宕山、舟見岳などの眺めがよい

平坦な稜線上にある片城山山頂。外輪山最高峰で2等三角点があるが、展望がなく素通りしてしまう

片城山から急坂を下れば、広々とした草地に出る。ここから飯盛山へはなだらかな道が続く

360度の雄大な展望を楽しめる飯盛山山頂のパノラマ広場(左は愛宕山、右は舟見岳)

蘭牟田池外輪山
さつま町
薩摩川内市
遠見ヶ城
474
•378
草地の広場
草地の広場から直接駐車場に
向かう場合は25分（逆コースも）
片城山
509
自然石展望台
急傾斜の下り
（クサリ、ロープあり）
鞍部。北側の展望よい
急な下り
山王岳
展望のよい
露岩の登山道
山王岳登山口
竜石伝説の案内板
竜石
交蔓山
車道に出たら左へ
竜石登山口
急階段の下り
舟見岳
499
愛宕山
愛宕山登山口
レイクサイドホテル
いむた清風
テニスコート
パノラマ広場
432
飯盛山
蘭牟田池
蘭牟田池の
泥炭形成植物群落
牟田
•296
296m
駐車場
Start Goal
いむた池
生態系保存資料館・
アクアイム
愛宕嶽
446
九州自然歩道
国道328号へ
•351
1:15,000
0
300m
N
200
250
300
350
400
450

11

天を突くピークが目をひく伝説の山

鷹ノ子岳

たかのこだけ
422m

日帰り

歩行時間＝1時間55分
歩行距離＝2・4km

技術度
体力度

コース定数＝8
標高差＝203m
累積標高差 384m 146m

清浦ダムの背後に天を突くようにそびえる鷹ノ子岳

鷹ノ子岳は、鹿児島市と薩摩川《さつません》内《だい》市との境の入来《いりき》峠を薩摩川内市側に進んだ、清浦《きようら》ダム湖の左岸にある。空に向かってピンと尖った山容が特徴で、古くは山伏たちの修験場であったという。山名は昔3羽の鷹の子が付近一帯の毒蛇を食い殺したので、人が住めるようになり集落ができた。そこで人々が神社を建て、3羽の鷹の子を祀ったという伝説に由来する。

鷹の見張り岩（高さ約7メートル）

清浦ダム公園駐車場から夢かけ橋を渡ると、鷹ノ子神社入口の鳥居があり、鷹ノ子岳の祭神や神社縁起を書いた案内板と**鷹子岳登山口**の道標が立っている。苔むした石段を登ると、静寂な森の中にひっそりと建つ**鷹ノ子神社**がある。

社殿の右から急坂の尾根に取り付く。途中から山腹を左に巻いて進むと、炭焼き窯跡がある。右折して主稜線まで登ると、南登山口へ至る縦走コースの**分岐**に出る。

ここから急坂の小さな岩場を越えると、石祠のある**鷹ノ子岳**山頂に着く。南東に花尾山《はなおやま》、その後方に桜島《さくらじま》、北側は樹間に清浦ダム、山頂の少し手前から、日本の棚田百選に選ばれている内之尾《うちのお》集落の棚田を望むことができる。

縦走コースとの**分岐**まで引き返し急坂を下ると、鷹ノ子岳の伝説を想わせる**毒蛇の岩屋《いわや》**がある。なだらかな稜線の小さな起伏を登り下りすると、高さが7メートルほどある

■鉄道・バス
往路＝九州新幹線・JR鹿児島本線鹿児島中央駅からJR九州バス宮之城行きで清浦へ。夢かけ橋を渡れば鷹子岳登山口がある（徒歩5分）。
復路＝入来峠バス停からJR九州バス鹿児島駅行きで鹿児島市街へ。

■マイカー
九州道鹿児島北ICから国道3号を北上、小山田三差路を右折して国道328号を清浦バス停まで走る。トイレは清浦ダム公園の駐車場にある。

■登山適期
おすすめは、清浦ダムの桜並木が満開となる3月末から4月初旬、新緑の5月もよい。

■アドバイス
▽町道八重山線から奇岩・銭積石への登山道があり、銭積石まで30分。

日本の棚田百選に選ばれている内之尾地区の棚田から望む鷹ノ子岳

CHECK POINT

鳥居のある鷹ノ子神社への参道が登山口。神社まで石段を登る。ここにも数台の駐車スペースがある

ひっそりとした森の中にある鷹ノ子神社。訪れる人はめったに見かけない

縦走路分岐から山頂へは、岩が露出した急な尾根を登る

4等三角点がある鷹ノ子岳山頂からは、花尾山や三重嶽、桜島など望まれる

鷹ノ子伝説にちなんで名付けられている毒蛇の岩屋

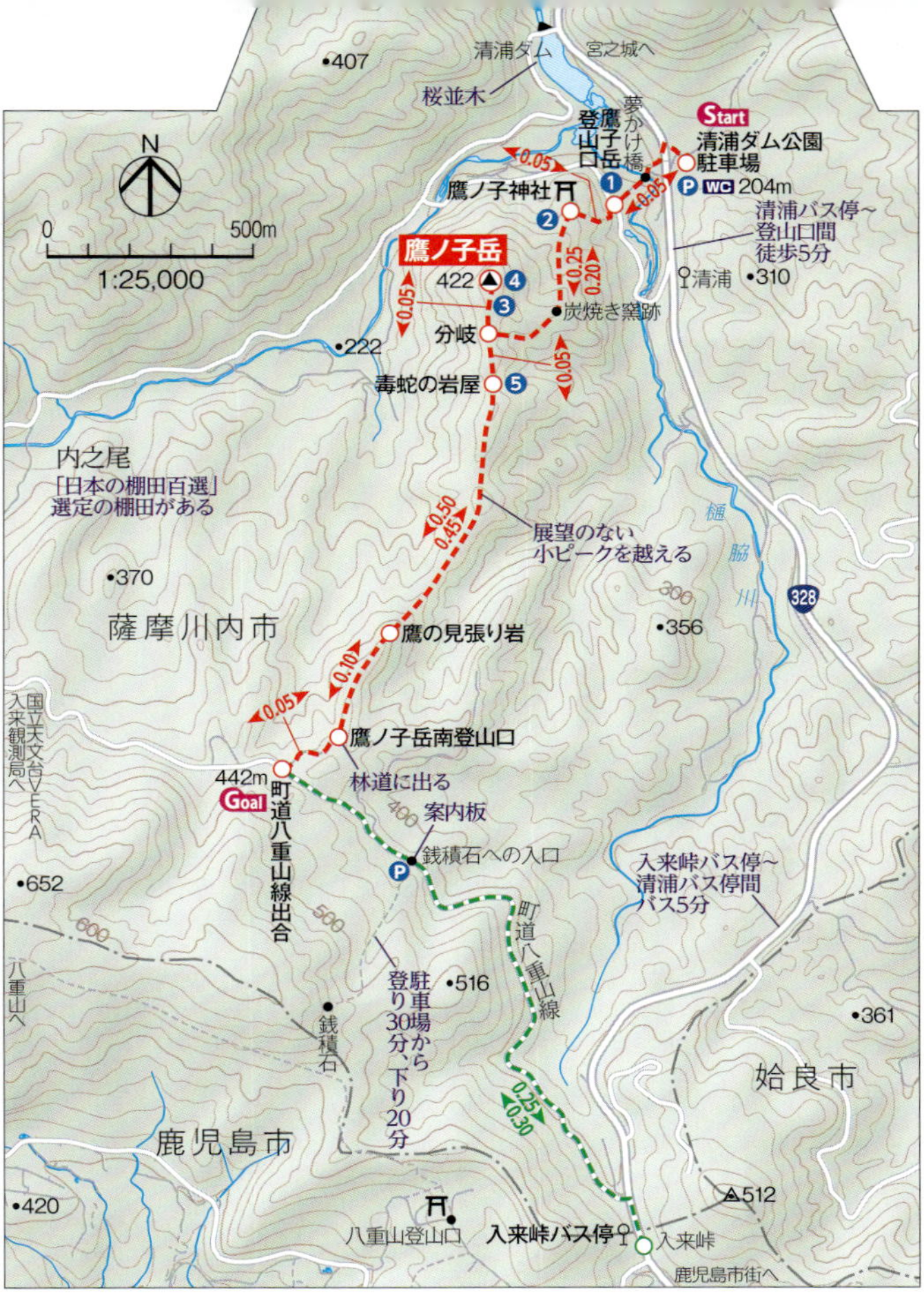

鷹の見張《みは》り岩が現れる。いかにも鷹の子が毒蛇を見張るのにふさわしい巨岩である。

ここをすぎると、まもなく**鷹ノ子岳南登山口**のある林道に出る。右に歩けば**町道八重山線**《やえやま》に出合い、あらかじめ回しておいた車で登山口に戻る。歩いて戻れば4・8キロ、1時間少々を要する。

また、町道八重山線沿いにある国立天文台VERA入来観測局には、直径20メートルのパラボラアンテナがあり、局内の見学もできる。

町道八重山線沿いにある国立天文台VERA入来観測局。直径20メートルのパラボラアンテナがある。観測局は見学できるので、帰りに立ち寄るとよい

▽温泉は八重山公園の登山口にゆらり乃湯（☎099・298・2639）がある。

■問合せ先
薩摩川内市入来支所☎0996・44・3111、JR九州バス鹿児島支店☎099・247・2056

■2万5000分ノ1地形図
塔之原・薩摩郡山

12 八重山

雄大な展望を楽しめ、家族連れハイキングにも向く

やえやま 677m

日帰り

歩行時間＝2時間30分
歩行距離＝5・9km

技術度
体力度

コース定数	＝10
標高差	＝281m
累積標高差	349m / 349m

入来峠手前からの八重山。長い台形状のなだらかな山容が特徴

八重山は鹿児島市と薩摩《さつま》川内《せんだい》市の境に位置し、鹿児島市側から眺めると、長い台地状の山容が目をひく。南側山麓にある八重山公園は、コテージ、テントサイトや多目的広場、管理棟など施設が整備され、週末にキャンプを楽しむ家族連れも多い。いっぽう、北側の山麓はなだらかな平地にゴルフ場や牧場の緑が広がり、国立天文台入来《いりき》観測局の巨大な電波望遠鏡や鹿児島大学の光学望遠鏡施設などがある。

山頂となる草地の展望所。桜島を中心に、霧島、南薩の山々などの大パノラマが展開

登山道は、八重山公園と甲突《こうつき》池側に登山口があるが、登りは勾配がゆるやかで、森林浴や親子連れハイキングにも最適な八重山公園コースをおすすめする。

公園の**駐車場**から舗装された小道を進み、分岐を左に入ると**八重山登山口**の道標があり、古い鳥居をくぐる。丸太階段を登り、炭焼き窯跡のある尾根の左側を巻き、広い稜線に出ると、**甲突池登山口への分岐**に出る。

平坦な登山道を進むと、登山道の途中に1等三角点があり、八重山の**最高点**になるが、樹林に囲まれて展望がない。すぐ南側には、以前天測点として使われた六角の観測台跡がある。

山頂は200㍍ほど先にある明るい**草地の展望所**で、先の三角点（最高点）の標高より若干低いが、ここを八重山の山頂としている。三重嶽《みえだけ》や桜島《さくらじま》、錦江《きんこう》湾、開聞岳《かいもんだけ》や金峰山《きんぽうざん》、霧島《きりしま》連山などすばらしい

花尾山・カブト虫岩からの八重山

■鉄道・バス
往路・復路＝九州新幹線・JR鹿児島本線鹿児島中央駅からJR九州バス宮之城行きで入来峠へ（便数少ない）。バス停から八重山公園は徒歩5分ほど。

■マイカー
鹿児島市街から国道328号で入来峠へ向かい、左折して八重山公園の駐車場へ行くと八重山登山口の入口がある（トイレあり）。車道をさらに

眺望に恵まれる。

帰りは**甲突池登山口への分岐**から右へ入る。急坂の階段から炭焼き跡のある沢沿いを下り、孟宗竹林が現れると、**甲突池側登山口**に出る。

甲突池でひと休みし、美しい八重の棚田を眺めながら車道を歩き、八重山公園**駐車場**に戻る。

CHECK POINT

1 八重山公園の駐車場から鳥居のある登山口へ、5分ほど舗装道を進む

2 急坂を登り終えると「頂上まで1.6㌔」の道標があり、山腹を水平にトラバースしながら進む

3 1等三角点のある八重山最高点（山頂はさらに西へ）。樹林の中で展望はない

4 甲突池コースの下りは急坂だが、丸太で階段状に整備されているので安心

5 下山口近くにある甲突池（平成の名水百選）。八重山を水源とする和風庭園風

6 八重山公園に戻る車道の右側に広がる、美しい八重の棚田（後方は三重嶽）

西進した甲突池側登山口にも駐車場とトイレがある。

■**登山適期**

3月下旬から4月上旬は、甲突池から八重山公園への帰り道の桜並木が満開となる。また6月から10月は八重の棚田が美しい。

■**アドバイス**

▽八重山登山道に銭積石への道標があるが、登山道として整備されていない。銭積石へは、薩摩川内市入来町の町道八重山線にある登山口から約30分。

直径1㍍ほどの大きな丸い岩が何段も積み重なった不思議な奇岩・銭積岩

▽温泉は、八重山公園登山口にゆるり乃湯（☎099・298・2639）がある。

■**問合せ先**

鹿児島市郡山支所☎099・298・2111、JR九州バス鹿児島支店☎099・247・2056

■**2万5000分ノ1地形図**

薩摩郡山

13

花尾山

展望と変化に富んだ稜線縦走を楽しむ

はなおやま
540m

日帰り

歩行時間＝4時間15分
歩行距離＝9・1km

技術度
体力度

コース定数	＝18
標高差	＝390m
累積標高差	↗ 704m ↘ 704m

大平集落から眺める花尾山（右）と縦走路の稜線。左のピークにカブト虫岩がある

鹿児島市花尾町にある花尾山は、「さつま日光」と称されている花尾神社の背後にある。地元小学校では例年の行事で花尾山登山が行われ、地域の里山として親しまれている。また、正月の初詣、春と夏の祭り、秋の大祭には、多くの地域住民が参加し、蟻《あり》の花尾詣《もう》でや無形民族文化財の太鼓《たいこ》踊りなどが披露され、大勢の見物客でにぎわう。境内入口には、薩摩藩島《さつまはんしま》津《づ》家のルーツといわれる島津忠久《ただひさ》の生み親との伝えがある丹後ノ局《たんごつぼね》の墓もあり、神社参拝を兼ねて花尾山に登る登山者も多い。

花尾山登山は、花尾林道の南側登山口から山頂を経て北側登山口へ下るか、カブト虫《むし》岩までの往復が一般的だが、ここではカブト虫岩からさらに稜線を縦走し、大平《おおひら》

■鉄道・バス
往路・復路＝九州新幹線・JR鹿児島本線鹿児島中央駅からJR九州バスの北薩線（川田経由）薩摩郡山行きで花尾神社前へ。
■マイカー
国道3号の鹿児島市小山田町塚田信号を右折し、県道211号に入る。同市東俣町を経て、花尾神社前バス停から神社に向かう。神社境内の駐車場、トイレを利用できる。花尾林道は狭いうえに急坂のため、登山口まで行けるのは軽4WD車のみ。
■登山適期
日陰のない車道歩きが長いので、真夏は避けたほうがよい。
■アドバイス
▽花尾神社に戻る途中、江戸時代、ひそかに信者たちが念仏を唱えていた場所という花尾隠れ念仏洞に立ち寄るとよい。駐車場から往復約30分。
▽温泉は鹿児島市川田町に郡山温泉、轟温泉がある。東俣町にあるス

カブト虫岩からの八重山方面

CHECK POINT

1 花尾林道にある花尾山の南側登山口。軽4WD車があればここまで上がれる

2 南側登山口からの急登はすぐ終わり、主稜線の鞍部まで緩やかな杉林が続く

3 ケルンと道標のある花尾山と丸山との鞍部。左折すると花尾山山頂への急登がはじまる

4 展望が広がる花尾山山頂。三重嶽や八重山、遠くに金峰山、開聞岳なども望むことができる

5 カブト虫のような角がある奇岩・カブト虫岩。西側の展望がよい

6 カブト虫岩をすぎると、すぐ短いナイフエッジがある。ここから稜線の各所に露岩が点在し、おもしろくなる

7 縦走路にあるマンタ岩。ボルダリングで遊べる

8 桜島展望台から望む桜島と鹿児島市近郊の団地など

9 稜線縦走のあとは美しい杉林の中を大平集落目指して下る

10 大平集落の人々の憩いの場、ひょうたん村役場。下山用の車をここに置いておけば、花尾神社まで歩かなくて済む

集落へ下り、花尾神社へ戻る周回コースを紹介する。

花尾神社の境内を進み、本殿横を抜けると花尾林道に出る。ここから花尾山**南側登山口**まで林道を2キロ少々歩く。

南側登山口から杉林を登るとケルンのある**鞍部**《あんぶ》に出る。山頂まで急登だが、ロープが取り付けてあり、ひと息入れる間もなく**花尾山**

パランド裸・楽・良（ら・ら・ら）（☎099・245・7070）は、温泉、レストラン、トレーニングルームや宿泊施設などがある。

■問合せ先

鹿児島市郡山支所☎099・298・2111、JR九州バス鹿児島支店☎099・247・2056、鹿児島市コミュニティバス☎099・216・1113

■2万5000分ノ1地形図

脇元

＊コース図は55ページを参照。

花尾集落から望む花尾山(右のピーク)。赤い鳥居をくぐって花尾神社へ

山頂に着く。花尾神社は当初ここにあったという。山頂からは、近くの三重嶽《みえだけ》や八重山《やえやま》、遠くに金峰《きんぽう》山《ざん》など南薩《なんさつ》の山々が望まれる。

山頂をあとに、まずカブト虫岩を目指して縦走を開始する。急坂を大きく下り、そのぶん登り返すと、大きな露岩が現れる。大岩を抜けると**カブト虫岩**に着く。カブト虫そっくりの角がある奇岩で、展望も抜群だ。ここまでは一般的な尾根歩きだが、ここから先は趣が変わる。

短いナイフエッジを通過すると、狭い稜線に次々露岩が現れる。巻きも可能だが、直登してちょっとしたボルダリングを楽しむのもおもしろい。

霧島《きりしま》展望所、マンタ岩、桜島《さくらじま》展望所などをすぎると稜線縦走は終わり、**大平集落への道標**のある広々とした平坦地に出る。

左折してみごとに枝打ちされた杉林を抜けると、**舗装された林道**に出る。林道の分岐を右に進み、**市道**に出たら大平集落を通り、花尾山を眺めながら下る。

花尾隠《かく》れ念仏洞《ねんぶつどう》入口をすぎると、まもなく起点の**花尾神社**に戻ってくる。

800年の歴史をもつ「さつま日光」花尾神社

大岩壁の割れ目の奥に仏像がある花尾隠れ念仏洞

N
0
500m
1:20,000
356
495
始良市
9 杉林の下り
舗装された林道
0.25
525
南泉院
市道
0.20
0.25
広々とした
平坦地
ひょうたん村役場
（集会所）
10
大平集落への道標
林道の分岐を
右に進む
394
8 桜島展望台
7 マンタ岩
0.30
0.45
ナイフエッジ
（通過注意）
6
霧島展望台
5 カブト虫岩
大岩 ロープあり
0.50
1.00
大平
大平上
530
0.50
大平
182
鹿児島市
花尾町
急な下り
月・水・金曜は
大平上まで鹿児島市
コミュニティバスが
運行
ロープのある急坂
500
花尾山
4
540
0.15
0.10
花尾隠れ念仏洞
0.20
0.15
ロープのある
急坂
花尾隠れ
念仏洞入口
P WC
隠念仏
北側登山口
400
0.10
0.15
1
2
3
南側登山口
鞍部
0.10
0.10
300
ケルンあり
200
大宮
0.45
0.35
花尾林道
346
宮脇
分岐を右へ
花尾神社
158m Start Goal
218
丹後ノ局の墓
P
WC
153
宮脇下
211
大下
0.10
254
丸山
川田川
280
花尾神社前バス停
258
国道3号、鹿児島市街へ

14 三重嶽

みえだけ 486m

一重嶽から三重嶽を目指すミニ縦走

日帰り

歩行時間＝2時間10分
歩行距離＝4・7km

技術度
体力度

コース定数	＝9
標高差	＝246m
累積標高差	393m / 393m

入来峠付近からの三重嶽。左から一重嶽、二重嶽、最高峰の三重嶽、後方は桜島の山頂部

（右）明るく開けた三重嶽の山頂。（左）古いベンチがある二重嶽山頂。展望はないが、ひと息入れるのによい

鹿児島市の北西部にある三重嶽は、標高500メートルに満たないが、すばらしい展望に恵まれ、また無理なく山頂に登れる好条件から、鹿児島市により三重嶽自然遊歩道が開設され、手軽な登山・ハイキングコースとして親しまれている。山名のとおり、3つのピークがあり、低いほうから一重《ひとえ》嶽、二重《ふたえ》嶽、最高ピークが三重嶽となるが、三重嶽が全体の山名となっている。

三重嶽への自然遊歩道は、山麓の集落から、三重嶽の中腹まで舗装道を上がるもので、皆与志《みなよし》コースと南方《みなみかた》コースがあるが、ここでは本名《ほんみょう》町の林道飯山《いいやま》線にある登山口から一重嶽、二重嶽、三重嶽へ縦走して出発地へ戻る、周回コースを紹介しよう。

■鉄道・バス
登山に適した公共交通機関はない。

■マイカー
国道3号の塚田三差路から、県道211号を北上し永山口交差点から県道40号に入ると、風穴バス停のすぐ先に林道飯山線の入口がある。

■登山適期
おすすめは、牧神広場のサクラが咲く3月下旬から4月初旬。新緑の5月、紅葉の11月初旬もよい。

■アドバイス
▽本名コース登山口の道路脇に駐車できるが、林道飯山線入口の広い駐車スペースを利用する。
▽三重嶽自然遊歩道の皆与志コース、または南方コースを三重嶽いこいの森の駐車場まで車で上がれば、山頂まで約30分で登れる。
▽温泉は鹿児島市川田町に郡山温泉と轟温泉、同市東俣町にスパランド裸・楽・良（ら・ら・ら）（☎099・245・7070）がある。

■問合せ先
鹿児島市観光振興課☎099・224・1111、鹿児島市郡山支所☎099・298・2111

■2万5000分ノ1地形図
脇元

県道40号にある**林道飯山線起点**から300メートルほど進むと、**三重嶽登山口本名コース**の道標がある。心臓破りの坂とよばれる急坂を登

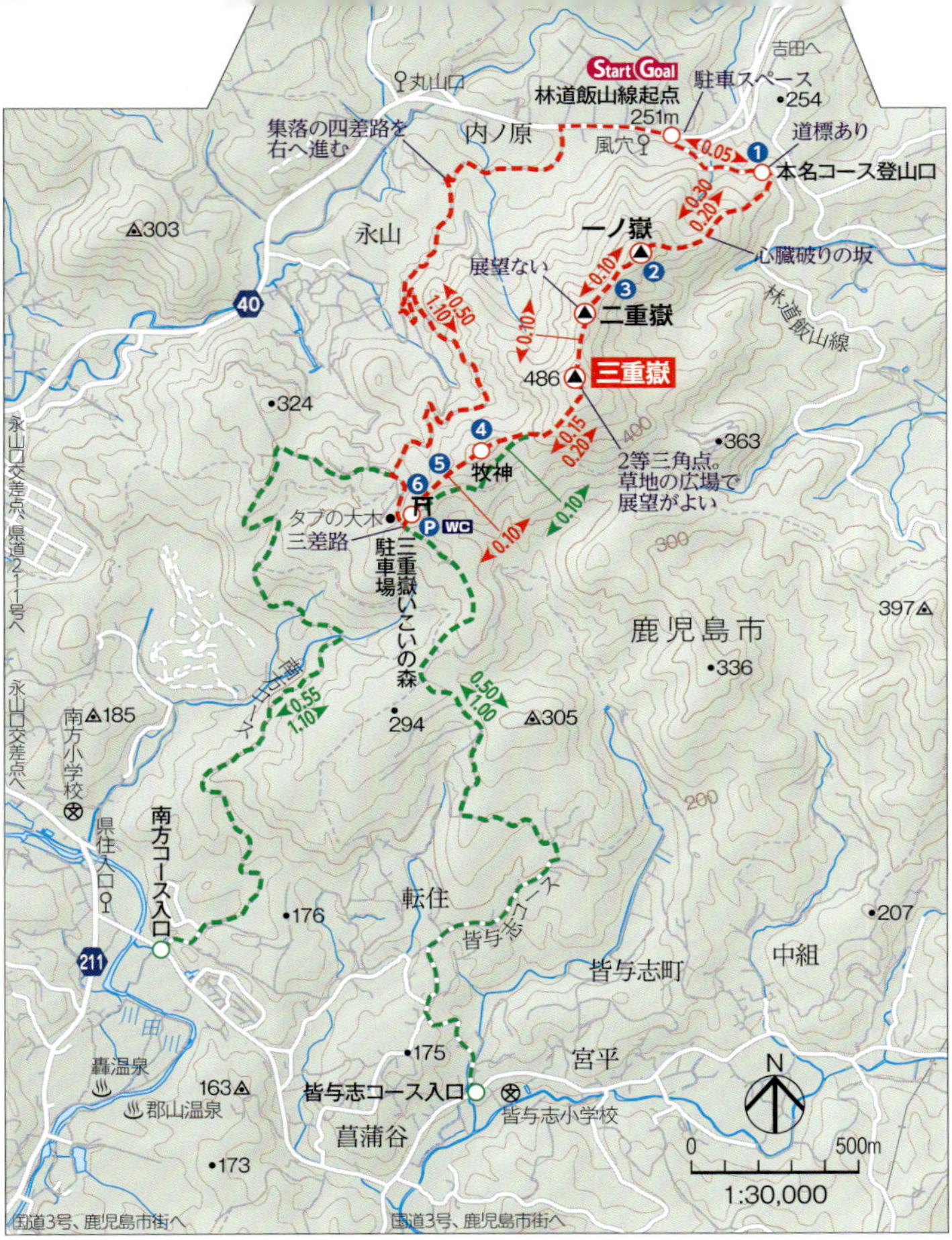

り、さらに丸太の手すりをつかんで急な階段をジグザグに登ると**一重嶽**山頂に着く。樹林に囲まれて展望はない。一重嶽からなだらかな尾根のアップダウンで朽ちたベンチのある**二重嶽**山頂に着くが、ここも展望はない。

三重嶽との鞍部《あんぶ》まで下り、古い手すりのある丸太階段の急坂を登ると、**三重嶽**山頂に着く。明るく開けた草地の広場で、近郊の団地や桜島《さくらじま》、高隈山《たかくまやま》、金峰山《きんぽうざん》や野間岳《のまだけ》など、雄大なパノラマが広がる。

三重嶽をあとに急坂を下り、**牧神**《まつがん》のある広場に出ると再び展望が広がる。白い鳥居をくぐると、**三重嶽いこいの森の駐車場**に着く。少し下り、大きなタブノキのある三差路を右に進む。山腹の西側を巻くように林道を歩くと、集落の狭い路地の四差路に出る。ここを右に進むと、約5分で県道40号に出て、さらに5分弱で出発点の**林道飯山線起点**に戻る。

CHECK POINT

1 杉林にある三重嶽本名コース登山口。ここから一重嶽まで急登が続く

2 一重嶽の山頂。ひっそりと樹林に囲まれて展望はない

3 二重嶽へはなだらかな尾根を進む

4 牧神は江戸時代、この付近は農耕用の馬が飼われていた名残の馬頭観音である

5 牧神直下は桜並木の広場で、桜島や開聞岳など望む絶好の展望所になっている

6 鳥居をくぐれば三重嶽いこいの森駐車場に出る。本名コース登山口へは右に進む

15 冠岳

徐福伝説のある歴史とロマンの霊峰

かんむりだけ
516m（西岳）

日帰り

歩行時間＝3時間10分
歩行距離＝8・0km

技術度
体力度

コース定数 ＝14	
標高差 ＝381m	
累積標高差	↗ 568m
	↘ 568m

冠岳展望公園に立つ日本一（高さ6メートル）の徐福石像。後方は西岳（左）と中岳

仙人岩。絶壁の中腹にある洞窟に不動尊が安置されている

いちき串木野《くしきの》市と薩摩川内《さつませんだい》市との境にある冠岳は、西岳《にしだけ》と中岳《なかだけ》、東岳《ひがしだけ》の総称で、一般には西岳を冠岳と称す。山名の由来は、秦《しん》の始《し》皇帝《こうてい》の命を受け、不老不死の妙薬を求めてこの山に登った徐福《じょふく》が、あまりの景色の美しさに冠を解き山頂に捧げたので冠岳とよぶようになったとの説があり、冠岳を望む山麓に巨大な徐福の石像が建っている。山麓の冠嶽《だけ》神社周辺は仙《せん》人《にん》岩など険しい岩峰がそそり立ち、古くから薩摩屈指の霊山として修験者の行場であった。今も毎年11月に行われるかんむり嶽参りには、全国から山伏姿の修験者たちが集まり、護摩《ごま》岩とよぶ岩山で荘厳な護摩焚《だ》き供養が行われる。

冠岳へは、JR木場茶屋《こばんちゃや》駅から芹ヶ野《せりがの》コースがあるが、道が荒れている。ここでは、冠嶽神社から材木岳《ざいもくだけ》に登り、西岳へ縦走して冠嶽神社へ戻る周回コースをとろう。

冠嶽神社からふれあい林道西岳線に入ると、すぐ護摩岩への入口がある。**護摩岩**に登ると目前に仙人岩の絶壁が迫る。林道を進み、**煙草神社入口**《たばこ》から自然石を並べた石段を登る。クサリのある岩場を下り、岩壁を切削した狭い道を進むと、大きな岩屋の中に**煙草神社**がある。昔は大岩戸権現《おおいわとごんげん》とよんでいたが、ここにタバコが自生していたことから煙草神社とよぶようになった。

稜線に出たら、行者堂《ぎょうじゃどう》がある材

■鉄道・バス
往路・復路＝JR鹿児島本線串木野駅から鹿児島交通バスで冠岳へ。冠嶽神社まで徒歩10分弱。往路・復路とも便数が少ない。

■マイカー
南九州道串木野ICまたは国道3号から県道39号経由で冠嶽神社へ。神社に駐車場、トイレがある。

■登山適期
11月の冠嶽神社周辺の紅葉はみごと。新緑の5月もよい。

■アドバイス
▽材木岳から中岳、東岳を経て冠嶽神社へ下ることも可能だが荒れがひどく、とくに花川沿いの下りは踏跡がなく足もとが悪いので、おすすめできない。
▽冠嶽神社の隣に、異国情緒あふれる中国風庭園を配した冠嶽園（☎0996・32・0760）がある（入園無料）。
▽温泉は、冠嶽神社入口近くに冠岳温泉（☎0996・21・2626）がある。

■問合せ先
いちき串木野市観光交流課☎0996・32・3111、鹿児島交通川内営業所（バス）☎0996・23・3181、串木野タクシー☎0996・33・1111

■2万5000分ノ1地形図
川内・串木野

秋に護摩岩で行われる冠嶽山柴燈護摩供養

西嶽神社のある西岳山頂。広場からは吹上浜や野間嶽などの展望がよい

木岳を往復する。**材木岳**は展望がよく、四角や五角柱の自然石が材木を積み重ねたようなのでその名がつけられた。

稜線の分岐に戻り、**経塚**《きょうづか》を経て、西嶽神社のある**西岳**山頂へ。吹上浜《ふきあげはま》、野間岳《のまだけ》や桜島《さくらじま》が望め、眼下に徐福の白い石像も見える。

西岳をあとに天狗岩で展望を楽しんだら**西岳登山口**の広場に下り、**鎮國寺**《ちんごくじ》と**徐福像**を経由して、ふれあい林道を**冠嶽神社**に戻る。

CHECK POINT

1 冠嶽神社は冠嶽熊野三所権現のひとつで、昔は東岳権現社とよばれていた

2 ふれあい林道西岳線上の煙草神社・材木岳への登り口。稜線までは急坂が続く

3 岩屋の中の煙草神社。神社名の由来となったタバコが今も植えられている

4 材木岳にある行者堂。材木を積み重ねたような岩の上に建っている

5 天狗岩。5段に積み重なった岩の上から南側の展望がよい

6 西岳の山頂を背景に建つ鎮國寺の拝殿

16

金峰山

神社に参拝し、3つの霊峰をめぐって展望を楽しむ

きんぽうざん
636m（中岳）

日帰り

歩行時間＝2時間50分
歩行距離＝5・4km

技術度
体力度

コース定数＝13
標高差＝469m
累積標高差 633m 633m

←金峰町浦之名からの金峰山

←北岳山頂西側の展望所からの金峰町集落や吹上浜、野間岳などの眺め

金峰山は南《みなみ》さつま市にあり、中《なか》岳《だけ》（本岳《ほんだけ》ともいう）、東岳《ひがしだけ》、北岳《きただけ》の3峰からなる。西側から眺めると、美人が寝た横姿に見えることから、美人岳ともよぶ。一方、東側からはピラミッド型の峻峰が3つ並び、西側と対照的な姿を見せる。太古より神降りの峰として山岳信仰の山であったが、現在は山頂付近一帯が金峰山いこいの森として遊歩道や駐車場、展望休憩所などが整備され、山頂の金峰神社参りを兼ね訪れる人も多い。金峰山へは、金峰町大野《おおの》コース、大坂《おおさか》コースがあるが、ここでは登山者向きの浦之名《うらのみょう》コースを紹介する。

浦之名バス停先の三差路から矢《や》杖《つえ》集落を最奥まで上がると、鳥居のある金峰神社への参道入口が**登山口**になる。うっそうとした桧の植林帯を抜け、荒れた林道跡を右に進んで急坂を登ると林道に出る。右に約100㍍《メートル》行き、**近道入口**から尾根を登ると、再び**林道**に出る。

林道から金峰神社へ上がる遊歩道を登ると**金峰神社**の境内に入り、拝殿を経て少し登れば露岩のある金峰山（**中岳**）山頂に着く。桜《さくら》島《じま》や大隅《おおすみ》半島の山々、開聞岳《かいもんだけ》、南さつま市街地や野間岳《のまだけ》、日本三大砂丘・吹上浜《ふきあげはま》など一望できる。

■鉄道・バス
往路・復路＝加世田から鹿児島交通の循環バス（1日3便）で浦之名へ。

■マイカー
指宿スカイライン谷山ICから県道20号を南さつま市へ向かい、浦之名バス停から矢杖集落の道を上がると登山口がある。駐車場、トイレあり。

■登山適期
真夏は避けよう。おすすめは、ヤマザクラの咲く3月中旬と新緑の5月。紅葉の11月初旬もよい。

■アドバイス
▽大野コースは、金峰山林道にある登山口から、展望のない杉林を登り、駐車場近くの林道へ出る。大坂コースは、金峰2000年橋から駐車場（北岳登山口）まで林道を歩く。
▽温泉は、温泉交流の郷・南さつまいなほ館（☎0993・77・2611）がある。ただし、立ち寄り利用は土曜・休日のみ。

■問合せ先
南さつま市金峰支所☎0993・77・1111、鹿児島交通加世田営業所（バス）☎0993・53・2102、加世田タクシー☎0993・53・2127

■2万5000分ノ1地形図
神殿

また、山頂の一段下にある鉄製の鶴がある展望所からも、同様の展望を楽しめる。

山頂真下にある稚児《ちご》の宮《みや》に寄り、東岳へ向かう。**東岳**山頂は丸太組みの展望台があり、錦江湾と桜島、大隅半島の眺めがすばらしい。

駐車場まで下ると**北岳への登山口**がある。急坂だが、ひと息つく間もなく**北岳**山頂に着く。本岳と東岳を間近に望み、桜島方面の展望もよく、山頂北側からは、吹上浜、野間岳や東《ひがし》シナ海《かい》を一望できる。

帰路は往路を引き返すが、近道せずに林道通しに下れば、山頂近くにあるロッククライミングのゲレンデが望まれ、登攀中であればその様子が見える。

CHECK POINT

浦之名コースは、矢杖集落にある登山口から金峰神社への参道を登る

林道から右の道に入り、丸太で整備された階段を登る。この先で金峰神社の境内に出る

森の中に建つ金峰神社拝殿。かつては蔵王権現を祀る修験道の修行地であった

稚児の宮。岩穴から落ちる水が、おぼれ死んだ我が子を悲しむ母親の涙とされる

展望のよい2等三角点のある金峰山（中岳）山頂。青銅の観音像がある

展望デッキのある東岳山頂。錦江湾、桜島、高隈連山など大パノラマが広がる

国道226号の平川町交差点付近から見る照葉樹に覆われた烏帽子岳（中央）

17

烏帽子岳（鹿児島市）

鹿児島市の自然遊歩道を登って山頂の神社を詣でる

えぼしだけ
564m

日帰り

歩行時間＝3時間
歩行距離＝5・6㎞

技術度

体力度

コース定数＝**13**

標高差＝483m

累積標高差 ↗524m ↘524m

烏帽子岳は鹿児島市街から南へ20キロほどにあり、麓から眺めた山の姿が、日本古来の帽子である烏帽子に似ていることから名付けられたのであろう。通称「お嶽様《たけさあ》」ともよばれ、山頂の烏帽子嶽《だけ》神社は、戦国時代島津《しまづ》藩の英主と称えられる第15代当主・島津貴久《たかひさ》が神社を建て直し、薩摩《さつま》、大隅《おおすみ》、日向《ひゅうが》の三州の平定を祈らせた、と伝えられている。神社の例祭日である春秋彼岸の中日は、神社参拝を兼ねて多くの登山者が訪れる。

烏帽子岳へは、鹿児島市が設置している自然遊歩道（7箇所9コース）の中に、烏帽子神社参道を登る登山コースと、平川《ひらかわ》動物園公園側からの平川動物公園コースがあるが、ここでは、登山者向きの登山コースで山頂を往復しよう。

JR平川駅から県道23号を進むと、大鳥居（第一鳥居）が建つ**烏帽子岳登山口**がある。舗装道を進み、小川にかかる丸太橋を渡ると、すぐ**第二鳥居**がある。ここから岩がゴロゴロした道となり、ヘゴが茂る桧林と杉林の中を進むと**水神**《すいじん》

山頂に建つ、島津貴久公にまつわる由緒ある烏帽子嶽神社の本殿

■鉄道・バス
往路・復路＝JR指宿枕崎線平川駅下車。駅から烏帽子岳登山口まで徒歩約15分。
バスは九州新幹線・JR鹿児島本線鹿児島中央駅から知覧行きの鹿児島交通バスで錦江湾高校前へ。登山口まで徒歩約10分。

■マイカー
指宿スカイライン谷山ICから県道219号経由で国道225・226号を南下、平川町交差点から県道23号に入る。大鳥居のある登山口に駐車可（トイレはない）。

■登山適期
真夏は避けよう。おすすめは新緑の5月、紅葉の11月。2月は梅の花も楽しめる。

■アドバイス
▽山頂の北東にある3等三角点（天狗岳）は展望がない。
▽下りに平川動物公園コースをとれば、旧知覧街道を歩いて錦江湾公園入口バス停まで約2時間10分。さらにJR指宿枕崎線五位野駅まで徒歩15分を要す。

■問合せ先
鹿児島市谷山支所☎099・269・2111、鹿児島交通鹿児島営業所（バス）☎099・247・2333

■2万5000分ノ1地形図
瀬々串・神殿

ふたつ目の鳥居（第二鳥居）から、いよいよ本格的な登りになる

登山道の左にある水神碑。冷たい水を飲んでひと息つこう

碑のある水場があるので、ひと息入れよう。

再び岩がゴロゴロした道が続くが、なだらかな尾根道になると、樹間に錦江《きんこう》湾や近くの集落など望まれる。自然石を並べた石段を登り第三鳥居をくぐると、ひょっこり神社の境内に出る。４つ目の鳥居をくぐると、**烏帽子嶽神社**の本殿に着く。一帯は照葉樹の大木に囲まれた静寂な雰囲気で、本殿の裏に、烏帽子嶽神社と刻んだ石碑と烏帽子岳の山頂標がある。

下山は往路を引き返す。

CHECK POINT

1 烏帽子岳自然遊歩道・登山コースの登山口にある大鳥居（第一鳥居）をくぐる

2 山道に入るとすぐ小さな沢にかかる丸太橋を渡る

3 ゴツゴツした岩の道が続く。足場が悪いので、捻挫しないよう用心して歩こう

4 3つ目の鳥居をくぐり、自然石の階段を登ると烏帽子嶽神社の境内に出る

5 本殿を前に、4つ目の鳥居をくぐって石段を上がる

6 本殿の裏にある「烏帽子嶽神社 本神ノ地」石碑。ここを烏帽子岳の山頂とする

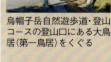

18

ノマツツジが咲く知られざる山から、東シナ海の絶景を望む

鼻山
はなやま　326m

日帰り

歩行時間＝2時間45分
歩行距離＝3・3km

技術度 体力度

コース定数＝9
標高差＝－72m
累積標高差 286m 286m

野間池港から望む鼻山山頂（左端のピーク）へ連なる山稜

鼻山は薩摩《さつま》半島の南西端にあり、山名は鼻を突き出したような地形から名付けられたのであろう。鼻山の南隣には南薩《なんさつ》の名峰・野間岳《のまだけ》があり、また山頂の標高は登山口とほぼ同じ300メートルあまりで、これまで見向かれていなかった。しかし、美しい照葉樹林に覆われたこの山には、今では希少なノマツツジの群生があるほか、巨岩の天狗岩《てんぐいわ》展望所と山頂から眺める野間半島や東《ひがし》シナ海《かい》はまさに絶景である。また、珍しく登山口から下りではじまるコースは、稜線を何度もアップダウンをくり返して結構なアルバイトとなるので、登山対象として不足は感じない。

山頂近くの登山道に群生するノマツツジ

片浦《かたうら》集落から林道五郎《ごろう》ヶ山《がやま》線を上がり、林道野間神社線との出合から右折すると、林道北端の峠に**鼻山登山口**がある。

登山口から鞍部《あんぶ》に下ると、四方から踏跡が交差し、露岩に**図根三角点**が埋めてある。稜線の起伏を登り下りすると、笠沙《かさ》町の三角点標柱がある319メートルピークに着くが、展望はない。登山道には台風で根こそぎ倒れた巨大な倒木根があちこちにあり、自然の猛威を見せつけられる。

第1展望所は、鼻山山頂と巨岩の天狗岩、東シナ海を望むことが

■**鉄道・バス**
登山に適した公共交通機関はない。

■**マイカー**
国道226号南さつま市片浦から林道五郎ヶ山線を上がり、野間岳牧場沿いに林道を進むと、峠に鼻山登山口がある。駐車場はなく、登山口脇に駐車する。トイレもない。登山口までの林道は舗装されている。

■**登山適期**
通年登れるが、おすすめはノマツツジの咲く4月初旬。

■**アドバイス**
▽山頂から尾根の先端に向かう踏跡があるが、展望のある箇所はない。
▽図根三角点から、野間池方向に下る踏跡があるが、途中で消滅する。
▽加世田高橋にある万世特攻平和祈念館（☎0993・52・3979）は、陸軍最後の特攻基地となった、万世飛行場から出撃した特攻隊員の遺書・遺品や、近くの吹上浜から引き揚げられた零式水上偵察機などが多数展示されている。
▽温泉は笠沙町赤生木に氣呑山河（☎0993・58・8280）がある。

■**問合せ先**
南さつま市笠沙支所☎0993・63・1111、中尾タクシー（南さつま市大浦町）☎0993・62・2131

■**2万5000分ノ1地形図**
片浦

できる。少し登るとヤブの中に**4等三角点**があり、わずかに野間岳の山頂部が見える。

ノマツツジが群生するやせた稜線を進むと天狗岩展望台への分岐があり、左に30メートルほど下ると天狗岩展望台に着く。野間岳と野間半島に並ぶ風車と野間池《いけ》集落、足もと300メートルに小崎《こさき》集落、好天日であれば甑島《こしきしま》列島なども望むことができる。

分岐に戻り少し進むと**鼻山**山頂に着く。樹林に囲まれているが、西側が切り開かれ、天狗岩と同様の展望を楽しめる。帰りは往路を引き返す。

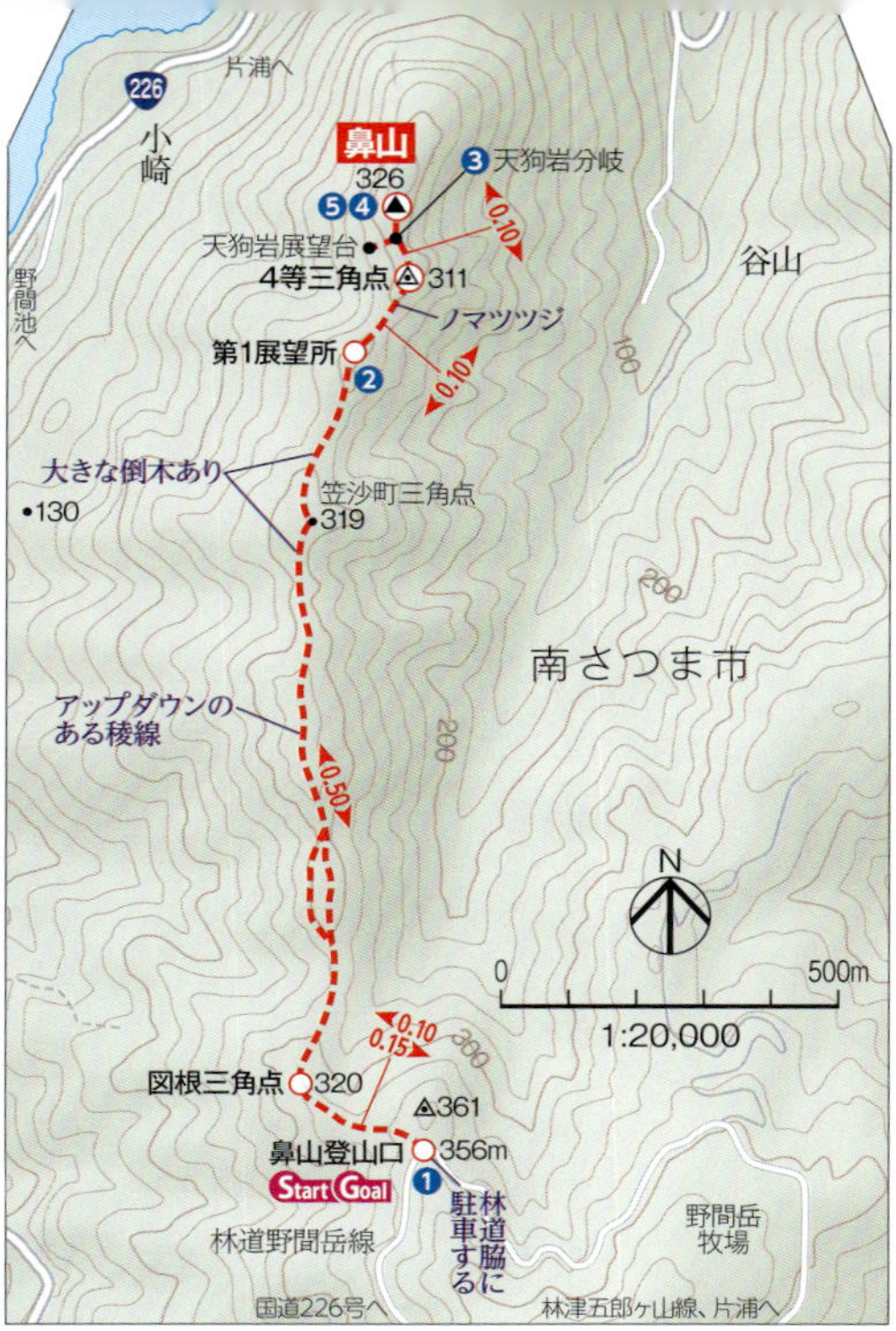

北東の大崩集落付近から望む鼻山（右は野間半島）

天狗岩からの野間岳。西側は絶景が広がる

CHECK POINT

1 林道野間岳線の峠にある鼻山登山口。ここから地積図根三角点まで10分ほど下る

▼

2 第1展望所から望む照葉樹に覆われた三角形ピークの鼻山山頂

▼

3 天狗岩展望台への分岐にある道標。天狗岩へは左へ約30メートル下る

▼

4 樹林の中の鼻山山頂。西側の樹木が一部切り開かれ、野間半島や東シナ海の展望を楽しめる

▼

5 山頂展望所から真下に見える小崎集落。東シナ海に突き出たわずかな平地に約10軒の家屋がある

↑山頂の西側にある展望所。露岩の上から野間半島にある風力発電の風車が見え、坊津へのリアス海岸が美しい

←1等三角点がある野間岳山頂。大きな石碑には「神代聖蹟竹島」の文字が刻まれている

19

野間岳

のまだけ
591m

古代ロマンと展望を楽しめる8の字周回コース

日帰り

歩行時間＝4時間15分
歩行距離＝9・4km

技術度 ▲▲▲▲▲
体力度 ♥♥♥♥♥

コース定数＝20	
標高差＝479m	
累積標高差	↗ 845m
	↘ 845m

野間岳は薩摩《さつま》半島の南西端にあり、美しい尖円錐《せんえんすい》形の山容がひときわ目をひく。開聞岳《かいもんだけ》、金峰山《きんぽうざん》と並ぶ南薩《なんさつ》三山（薩摩三峰）のひとつで、江戸時代以前は中国との貿易の際、海上からこの山を目印にして長崎に向かったという。山頂の西にある展望所は、昭和47年に鹿児島で開催された太陽国体の炬火を採火したところで、露岩に記念のプレートが設置されている。

野間岳は8合目の野間神社まで車が上がるので、神社からの山頂往復は容易だが、ここでは東《ひがし》シナ海《かい》に面した宮ノ山《みややま》登山口から山頂を経由し、片浦《かたうら》コースを下って野間神社に戻り、さらに太郎木場《たろうこば》へ下り、出発地へ戻る8の字コースを紹介する。

宮ノ山登山口にある笠沙宮《かささのみや》跡案内図には、この地が皇孫発祥の大ロマンの可能性を秘めた神聖なる地であると記され、登山道沿いに点在する史跡が描かれている。

登山道には木根を垂れた亜熱帯樹林が茂り、ドルメン式洞窟、積《つみ》石《いし》塚、住居跡などの史跡が次々に現れ、古代にタイムスリップしたかのようだ。

史跡群をすぎ、杉林を抜け林道を進むと**車道の展望所**に出る。南薩の山や東シナ海を眺める絶好の展望所で、ベンチもある。

右に進み、**野間神社**拝殿の右から山頂を目指す。第1展望所、市《し》町木《ちょうぼく》園をすぎると、クサリの手すりがある急な階段となる。第2展望所でひと息入れ、露岩の間を抜けると、広場になった**野間岳**山頂に着くが、展望は得られない。

■鉄道・バス
登山に適した公共交通機関はない。

■マイカー
国道226号沿いの、杜氏の里笠沙から北へ約1・5キロ地点に宮ノ山登山口があり、道路拡幅部に駐車できる。トイレはない。

■登山適期

東方の小浦集落から望む野間岳。均整のとれた尖円錐形の山容が美しい

磨崖仏《まがいぶつ》が刻まれた巨岩を抜けると、露岩のある展望所に出る。眼下にリアス海岸と風車が並ぶ野間半島や東シナ海に浮かぶ沖秋目《おきあきめ》島、遠くに甑《こしき》島も望まれる。

山頂から片浦コースを下る。笠沙石門をくぐり、樹林に覆われた急坂を下ると前方が開け、林道手前の左に草地の展望所があり、吹《ふき》上浜《あげはま》や金峰山、長屋山《ちょうやざん》など雄大なパノラマを楽しめる。**片浦コース**

8合目の野間神社拝殿。拝殿の右に登山口がある

真夏は避けよう。数は少ないが、ノマツツジは4月初旬が見ごろ。

■アドバイス

▽下山地の太郎木場集落に帰りの車を置いてもよいが、美しい海岸線沿いの国道を歩くのも楽しい。

太郎木場集落から宮ノ山登山口まで約40分、リアス海岸と沖秋目島など絶景を楽しみながら歩く

▽杜氏の里笠沙（☎0993・63・1002）は、本格芋焼酎づくりの伝承展示館。手づくり本格焼酎を持ち帰ることもできる。

▽温泉は笠沙町赤生木に氣呑山河（☎0993・58・8280）がある（無休）。

■問合せ先

南さつま市笠沙支所☎0993・63・1111、鹿児島交通加世田営業所（バス）☎0993・53・2102、中尾タクシー（南さつま市大浦町）☎0993・62・2131

■2万5000分ノ1地形図

野間岳

＊コース図は69ページを参照。

登山口から**野間神社**に戻り、太郎木場コースに入る。

山腹をトラバースしながら下ると、やがて東シナ海が望まれ、太郎木場集落の道路に出る。道路を横切ると再び車道に出る。正面に大海原が広がり、背後に山頂部が断崖になった野間岳がある。

まもなく**太郎木場登山口**のある国道に出て、海を眺めながら**宮ノ山登山口**に戻る。

太郎木場への下山路からの野間岳。山頂直下は断崖になっている

CHECK POINT

1

国道226号上にある宮ノ山登山口。笠沙宮跡案内図や宮ノ山の由来を記した案内板がある

2

笠沙宮跡にある、巨岩を机形に構築したドルメン。高貴や民長の墳墓で、中からお供えした貝殻などが出土した

3

東シナ海が広がる第1展望所。この先には県内各市町村の樹木が植えられた市町木園がある

4

第2展望所は、長屋山や亀ヶ丘、遠く開聞岳など南薩の山や東シナ海に浮かぶ沖秋目島など一望できる

5

第2展望所付近で見られるノマツツジの花。4月初旬が見ごろ

6

自然石をくぐり抜ける笠沙石門。岩に挟まった小さな石が巨岩を支えている

7

ベンチがある草地の展望所。日本三大砂丘の吹上浜や金峰山などの大パノラマが広がる

8

前方に東シナ海を眺め、野間岳を背後に林道を国道226号まで下る

9

国道226号上の太郎木場登山口。左に進み、海岸線ウォーキングを約40分で宮ノ山登山口に戻る。途中には屋根つきの休憩所がある

鼻山へ
320
361
鼻山登山口
330
林道野間岳線
野間岳牧場
442
笠沙町片浦
林道五郎ケ山線
318
片浦、国道226号へ
野間池、片浦へ
笠沙石門
500
露岩のある展望所
野間岳
591
6
0.30
0.50
395
草地の展望所
7
片浦コース
林道に出る
片浦コース登山口
第2展望所
5
4
0.40
0.30
1等三角点。展望はない
太郎木場
林道横切る
238
110
226
左へ進む
8
0.40
1.00
市町木園
第1展望所
3
林道野間神社線
0.25
292
400
300
太郎木場コース
笠沙診療所
9
384
野間神社
拝殿の右側が登山口
太郎木場コース入口
P
0.10
姥
太郎木場登山口
ベンチあり
車道展望所
椎木、国道226号へ
200
444
女岳
休憩・展望所
斉藤茂吉の歌碑がある
100
国道上を南さつま市コミュニティバスが運行しているが、登山には適していない
南さつま市
231
1.10
0.50
0.40
中継放送所分岐
馬取山
418
馬取山
ドルメン第3洞窟
積石塚
住居跡
京塚
駐車スペース
舟ヶ崎自然公園展望所
150
宮ノ山コース
0.10
2
東シナ海
1
Start Goal
宮ノ山登山口
117m
182
大黒瀬
黒瀬
N
0
500m
1:20,000
226
210
大浦、加世田へ
杜氏の里笠沙
笠沙美術館

20

亀ヶ丘

かめがおか
387m

鑑真和上の上陸地から山頂へ。東シナ海に沈む夕陽は絶景

日帰り

歩行時間＝3時間20分
歩行距離＝5・7㎞

技術度

体力度

コース定数＝13

標高差＝364m

累積標高差 543m 543m

大浦町から見る亀ヶ丘。なだらかな丘陵に電波塔が立ち並ぶ

↑東シナ海を望む地にある、鑑真和上の石像と鑑真記念館

→坊津町秋目からの亀ヶ丘西面。段状の険しい断崖絶壁になっている

南《みなみ》さつま市大浦《おおうら》町にある亀ヶ丘は、山頂部にある大岩と丘陵の形が亀の姿に見えるのでその名がある。なだらかなスロープが広がる山頂一帯は亀ヶ丘公園として整備され、展望台から日本三大砂丘のひとつ吹上浜《ふきあげはま》、坊津《ぼうのつ》のリアス海岸、南薩《なんさつ》の山々などすばらしい展望に恵まれ、とくに東《ひがし》シナ海《かい》に沈む夕陽の美しさは評判が高い。

亀ヶ丘へは大浦町から山頂へ通じる車道があり、「町民総ぐるみ健康づくり一万歩街道」と称し地域のウォーキングコースになっているが、ここでは坊津町秋目《あきめ》から亀ヶ丘に登るコースを紹介する。

坊津はかつて多くの船でにぎわった日本三津《さんしん》のひとつで、海外貿易の地として繁栄した港町である。唐《とう》の高僧・鑑真和上《がんじんわじょう》が日本初上陸した地でもあり、登山口の秋目には、東シナ海を向いて座した

■鉄道・バス
登山に適した公共交通機関はない。

■マイカー
南さつま市立大浦小学校横から県道271号に入る。秋目峠を越えて坊津町秋目に下り、国道を南下すれば登山口となる鑑真記念館がある。記念館の大型駐車場（007撮影記念碑横）を利用させてもらう。

■登山適期
亀ヶ丘公園内には木陰が少ないので真夏は避けよう。春は公園の桜、秋はコスモス、冬はヤブツバキの花を楽しめる。

■アドバイス
▽鑑真記念館（☎0993・68・0288）は、鑑真の偉大な功績とその生涯を絵巻やパネル、映像などでわかりやすく展示してある。月曜休（祝日の場合は翌日）。
▽温泉は笠沙町赤生木に氣呑山河（☎0993・58・8280）がある。

■問合せ先
南さつま市観光交流課☎0993・53・2111、鹿児島交通加世田営業所（バス）☎0993・53・2102、中尾タクシー（南さつま市大浦町）☎0993・62・2131

■2万5000分ノ1地形図
野間岳

CHECK POINT

1

鑑真記念館の裏側にある秋目登山口。樹林に覆われているが、すぐに東シナ海の展望が開ける

2

手すりのある階段の途中から、美しいリアス海岸を見下ろす

3

亀ヶ丘公園の車道に出ると、左端に東シナ海展望台が見える。ここから展望台へは近道がある

4

三角点のある山頂の展望台から、鑑真が上陸した秋目浦と、今岳（左の突峰）から長者山への山稜を望む

5

星降る丘展望所は広々とした丘にあり、亀の頭をデザインした展望台と甲羅を形どった芝生がある

鑑真和上の石像と鑑真記念館がある。

秋目登山口は、鑑真記念館の裏側にあり、登山道に入るとすぐ東シナ海の展望が開ける。眼下にリアス海岸を眺めながら、手すりのある階段を登る。樹林の山腹をトラバースしながら高度を稼ぐと、亀ヶ丘公園へ通じる**車道**に出る。

右に進み、「亀ヶ丘へ1キロ」の道標からジグザグに登ると、**秋目下山口**の道標がある公園内の車道に出る。広大な公園のほぼ中央に東シナ海展望台、北に山頂展望台、南に星降《ほしふ》る丘《おか》展望所があり、まずは近道を通って、**東シナ海展望台**で展望を楽しむ。

車道に下り、亀ヶ丘の山頂に向かう。無線中継所とパラグライダー発進所の前を通り、山道を5分ほど登ると**亀ヶ丘**山頂に着く。展望台に登ると、野間岳《のまだけ》や開聞岳《かいもんだけ》、眼下にリアス海岸と沖秋目《おきあきめ》島などの絶景が広がる。

秋目下山口に戻り、**星降る丘展望所**をめぐって、雄大な展望を楽しんだら、往路を下山する。

東シナ海展望台は東シナ海が視界いっぱいに広がる。右端のピークは野間岳、左は沖秋目島

山頂部にある大岩（亀岩）が亀の頭、後方の丘が甲羅に見えることから亀ヶ丘の名が付いた

21 磯間嶽

いそまだけ
363m

岩稜縦走と岩峰の山頂が人気のアルペンコース

日帰り

歩行時間＝5時間10分
歩行距離＝7・1km

技術度 3/5
体力度 2/5

コース定数＝18

標高差＝374m

累積標高差 628m 628m

大浦町の町並み、大浦干拓と東シナ海などを一望する絶景の磯間嶽山頂

←4等三角点のある中嶽山頂

↑シャリンバイの花

磯間嶽は、南《みなみ》さつま市大浦《おおうら》町にあり、イザマドン（磯間権現《ごんげん》）ともよばれ、昔から地域の守護神として崇敬され親しまれている。古代百済《くだら》の高官であった日羅《にちら》が582年に登って開山したという伝説がある。また険しい岩山だけに、修験道の修行の山でもあった。

磯間嶽を西側山麓から眺めると、鋸歯状に連なる山稜の左端に、突出した偉容な姿の山頂岩峰がひと際目をひく。標高は400メートルに満たないが、県内で唯一岩稜を縦走するアルペン的なコースとして人気が高く、県外からの登山者も多い。磯間嶽に登ったら、山頂岩峰の左から大浦登山口に下る人が多いが、ここでは北面の大木場《おおこば》登山口へ下ってみよう。

磯間嶽岩稜コース登山口への**林**

■**鉄道・バス**
登山に適した公共交通機関はない。

■**マイカー**
南さつま市大浦町から県道272号を南下、左折して渡瀬橋を渡ると約400メートル先に岩稜コース登山口への林道入口があり、車道脇に駐車できる。トイレはない。

■**登山適期**
梅雨時期は岩がすべりやすいので避けよう。5月はシャリンバイの花が岩稜の各所で見られる。

■**アドバイス**
▽難しい岩場には巻道がある。初心者は無理せず、こちらを通るようにしよう。
▽岩稜コースの東隣に第2岩稜コースがある。難度は本文の岩稜コースと同等で、縦走路まで約2時間30分を要する。
▽温泉は、吹上浜海浜公園近くに、かせだ海浜温泉・ゆうらく（☎0993・52・0226）がある。

■**問合せ先**
南さつま市大浦支所☎0993・62・2111、鹿児島交通鹿児島営業所（バス）☎099・247・2333、鹿児島交通加世田営業所（バス）☎0993・53・2102、中尾タクシー（南さつま市大浦町）☎0993・62・2131

■**2万5000分ノ1地形図**
野間岳

＊コース図は75ページを参照。

大浦側から眺めた磯間嶽山頂岩峰。偉容な山容がひと際目立つ

オットセイ岩。直登道と巻道がある

ワン子岩（手前右）～カエル岩（上）間の岩稜

道入口から林道を進むと、**岩稜コース登山口**がある。すぐ第1岩場が現れ、登ると展望が開ける。岩稜から今にも転げ落ちそうな**大坊《おおぼう》主《ず》岩**と小坊《こ》主岩を右に巻くと、ロープのある岩場とオットセイ岩が続く。いずれも直登できるが、右に巻道もある。ここから樹林の急坂を登ると**325メートルピーク**に着くが展望はない。

林道跡まで急坂を下り、稜線に出ると展望が開け、第9岩場を通過する。次の第10岩場を右の急斜面を巻いて通過すると縦走コース最高点の**中嶽《なかだけ》**に着くが、展望はない。岩稜にある子犬やカエルに似た岩をすぎると**第11岩場**だ。10メートルほど垂直の岩壁を、ロープを頼りに降りる。自信がなければ岩場の手前から左に巻ける。田《た》の神《かん》さあ岩をすぎると、左に突き出た尾根の先端に第1展望岩峰がある。余裕があれば登ってみよう。縦走路から往復約15分、岩頭から眺める山頂岩峰や一帯の岩峰群は、中国の山岳風景を想わせる。

磯間嶽の山頂岩峰へは、30メートルほど岩場を登る。丈夫なクサリがあり、手がかりも豊富だ。たどり着いた**磯間嶽**の山頂はまさに絶頂で、360度の絶景を楽しめる。

下山は、上津貫《かみつぬき》コースへの下山口から山頂岩峰の北面に回りこむと、岩峰の北壁が見える展望所がある。すっきりした木立の尾根を下ると**山神祠**《やまんかんほこら》がある。大木場集落へ下る途中には、地元の人達が楽にお参りできるようロープが張られ、休憩用にベンチもある。
　大木場登山口に出たら、車道を**林道入口**まで歩いて戻る。

大浦町側山麓からの鋸刃状の稜線が連なる磯間嶽

CHECK POINT

林道の左手にある岩稜コース登山口。ハシゴとロープがある

大坊主岩は基部を右に巻いて越える

小坊主岩を背に、展望のよい岩稜を登る

325㍍ピーク。展望はないが、ひと息入れるのによい場所だ

第11岩場は10㍍ほど垂直の岩壁をロープをつかんで降りる。無理と思ったら、引き返して左の巻道をとる

田の神さあ岩への狭い岩稜を登る。ここまで来れば山頂岩峰は近い

丈夫なクサリがある山頂岩峰。手がかりが多く、見た目ほどの難所ではない

北壁展望所から仰ぐ山頂岩峰（右）。鋭く天を突く形になる

大木場集落の山神を祀る石祠。新しい榊が供えてあった

大浦、国道226号へ
大浦、国道226号へ
37
33
99
久保
仲組
大浦川
大木場
73
柴内
柴内
あずまや
中央橋
大木場登山口
上津貫、国道270号へ
81
0.15
0.25
南さつま市
45
92
9 山神祠
208
道標、駐車スペースあり
0.45
0.40
Start Goal
林道入口
牛舎
茶畑
0.30
0.45
58m
渡瀬橋
55
262
上津貫、国道270号へ
1
岩稜コース登山口
0.10
0.10
山頂岩峰へは30mの岩場を登る（クサリあり）
8 磯間嶽の岩峰がよく見える
0.15
第1岩場
第2岩稜コース
400
大浦登山口
磯間嶽
大坊主岩 2
小坊主岩
岩は右を巻く
3
オットセイ岩
2.30
0.30
0.20
上津貫登山口
0.45
0.35
7
363
岩稜コース
295
200
鹿通し岩
第1展望岩峰 往復15分
6 田の神さあ岩
0.40
0.30
急登
4
0.25
5 第11岩場
325mピーク
巻道
ロープあり
90
0.10
0.15
林道跡
1.00
0.50
1.00
第9岩場
風穴
第10岩場
300
カエル岩
岩稜
ワン子岩
中嶽
395
右側を巻く
4等三角点。コース最高点だが展望はない
大浦町
174
270
加世田津貫
N
小原
0
500m
1:20,000
305
秋山口
国道226号へ
国道226号へ
414

22

車岳《くるまだけ》 357m

日帰り

戦跡の残る山から、かつて日本三津のひとつとされた港町を望む

歩行時間＝2時間35分
歩行距離＝3・2km

技術度
体力度

コース定数	=9
標高差	=321m
累積標高差	354m / 354m

↑坊津町泊浦の背後にそびえる車岳

←3等三角点がある車岳山頂。樹林に囲まれて展望はない。ここから尊牛山を経て草野岳へ縦走できるが、コースは整備されていない

車岳は古来、日本三津《さんしん》のひとつとして大陸との貿易で栄えた坊津《ぼうのつ》（現在の南《みなみ》さつま市坊津町）の背後にあり、山頂直近から港町と東《ひがし》シナ海《かい》を一望するすばらしい展望を楽しめる。山頂部には、太平洋戦争時、米軍機の来襲をいち早く察知するために電探（レーダー）基地が築かれたが、完成しないうちに終戦になったという。戦後、地元では車岳を砲台跡ともよび、今も兵舎や炊事場の跡、レーダーを立てる基礎などが残り、当時をしのぶことができる。

車岳へは、車岳の中腹を通る林道車岳線にある登山口から登れば40分ほどで山頂に達するが、最近整備された、車岳（坊津）登山口から登るコースを紹介しよう。

駐車場所から国道を約100㍍

■**鉄道・バス**
往路・復路＝JR指宿枕崎線枕崎駅から鹿児島交通バス泊行きで泊へ。坊津登山口へは約400㍍・徒歩約5分。

■**マイカー**
県道269号と国道226号との合流点が車岳（坊津）登山口で、100㍍ほど手前（泊側）の国道脇に3～4台分の駐車スペースがある。

■**登山適期**
梅雨時期と真夏は避けよう。アオノクマタケランの花は6～7月上旬、冬は赤い実が登山道を彩る。

■**アドバイス**
▽車岳から草野岳へ縦走できるが、コースは整備されていない。草野岳山頂まで約4時間。
▽車岳登山口への林道車岳線はよく整備され、乗用車も走行できる。
▽坊津町坊に坊津の歴史、民俗文化を知る資料を展示した坊津歴史資料センター輝津館（☎0993・67・0171）がある。

■**問合せ先**
南さつま市坊津支所☎0993・67・1441、鹿児島交通枕崎販売所（バス）☎0993・72・3311、光タクシー☎0993・72・1255、グリーンタクシー☎0993・72・0404

■**2万5000分ノ1地形図**
坊

伐採地から望む久志湾と今岳（中央の右にある突峰）から長者山への山稜

東面の南さつま市清原地区から照葉樹に覆われた車岳を望む

西に進むと、車岳（坊津）登山口の道標がある。白い手すりの急な階段を登り、尾根の末端から照葉樹林の尾根を林道車岳線まで登る。林道に出たら、左へ約250㍍行けば**車岳登山口**の道標がある。

尾根の斜面をトラバースして尾根に出ると、アオノクマタケランが茂る登山道脇に、コンクリート製で深さ60㌢ほどの水槽がある。伐採跡から久志《くし》湾を眺め、尾根をジグザグに登ると、円形の石積みの中にコンクリート基礎や指揮所跡の地下壕、兵舎跡の石積みや炊事場跡など、戦跡を見ることができる。

あたりが開けると、八角形のコンクリート基礎のある**アンテナ跡展望台**に着く。格好の休憩ポイントで、眼下に坊津の港町や泊浦《とまりうら》、坊浦《ぼううら》など東シナ海の絶景が広がる。

山頂へ向かうとすぐ展望所があり、もう一度絶景を楽しめる。すぐ先の**車岳**山頂は樹林に囲まれ、展望はない。

下山は往路を引き返す。

CHECK POINT

1

国道226号と県道269号との合流地点にある車岳（坊津）登山口。手すりのある長い階段を登る

2

階段を登りきると、眼下に坊津の町並みと港などが望まれる

3

林道車岳線直下の急坂を登って林道に出たら、左へ約250㍍行くと車岳登山口の道標が立っている

4

登山道沿いにある水槽。荷物を運んだ馬の水飲み場だったのだろうか

5

電探（レーダー）部隊の指揮所跡。広さ3畳ほど、高さは大人がようやく立てる程度

6

八角型のコンクリート基礎が残るアンテナ跡展望台。車岳山頂は50㍍先にある

23 下山岳

さがやまだけ
416m

展望と岩場でちょっぴりスリルを楽しんで山頂へ

日帰り

歩行時間＝1時間45分
歩行距離＝2・2km

技術度

体力度

コース定数	=6
標高差	=240m
累積標高差	256m / 256m

下山岳は薩摩《さつま》半島南西にあるカツオの町として知られる枕崎《まくらざき》市と、お茶とサツマイモの生産量日本一の南九州《みなみきゅうしゅう》市との境にある。南麓の枕崎市下山集落は一面に茶畑が広がり、背後に照葉樹に覆われた台形状の下山岳がある。古くは鉱山の神として蔵王権現《ざおうごんげん》が祀られ、集落にある今嶽《いまだけ》神社も、明治までは下山蔵王権現といい、蔵王権現を祀っていたといわれる。山頂へは下山集落から登る古くからの登山道があるが、西隣の松崎《まつざき》集落から登る下山岳（第2）登山コースが整備されたので、このコースを登って山頂に立ち、従来の登山道を下って出発地に戻ることにしよう。

今嶽神社から松崎集落へ向かい、**下山岳（第2）登山口**の道標から山道へ。尾根の傾斜が増すと、高さ・幅とも30《メートル》ほどある大岩壁が現れる。地元では、「こしっかドン」とよぶ人もいる。右に回りこみ、ロープをつかんで急傾斜を登ると**大岩壁展望台**に出る。岩頭は絶好の展望地で、山麓の茶畑や野菜畑と東《ひがし》シナ海《かい》が美し

緑の茶畑が美しい下山集落の里山として親しまれている下山岳

下山岳山頂からの大隣岳と後方に開聞岳（中央）、矢筈岳（左）

■**鉄道・バス**
往路・復路＝九州新幹線・JR鹿児島本線鹿児島中央駅から鹿児島交通バス枕崎駅行きで終点へ。タクシーに乗り換え今嶽神社へ。

■**マイカー**
南薩縦貫道塗木交差点から県道34号で下山集落を目指すか、県道34号の枕崎市下松町から下山集落に向かう。国道225号からは、南九州市川辺町庭月野の三差路を左折し、県道265号の市境の先から左の狭い道に入ると今嶽神社がある。神社境内に駐車可。トイレはない。

■**登山適期**
真夏と、岩場があるので梅雨時期は避けよう。5月は茶畑と山の新緑が美しい。

■**アドバイス**
▽岩場があるが、ロープなどの携行は不要。
▽温泉は枕崎市岩戸に枕崎なぎさ温泉（☎0993・72・5080）、南九州市川辺町永田に川辺K温泉（☎0993・56・2070）がある。

■**問合せ先**
枕崎市水産商工課☎0993・72・1111、鹿児島交通乗合営業部（バス）☎099・254・8970、光タクシー☎0993・72・1255

■**2万5000分ノ1地形図**
枕崎

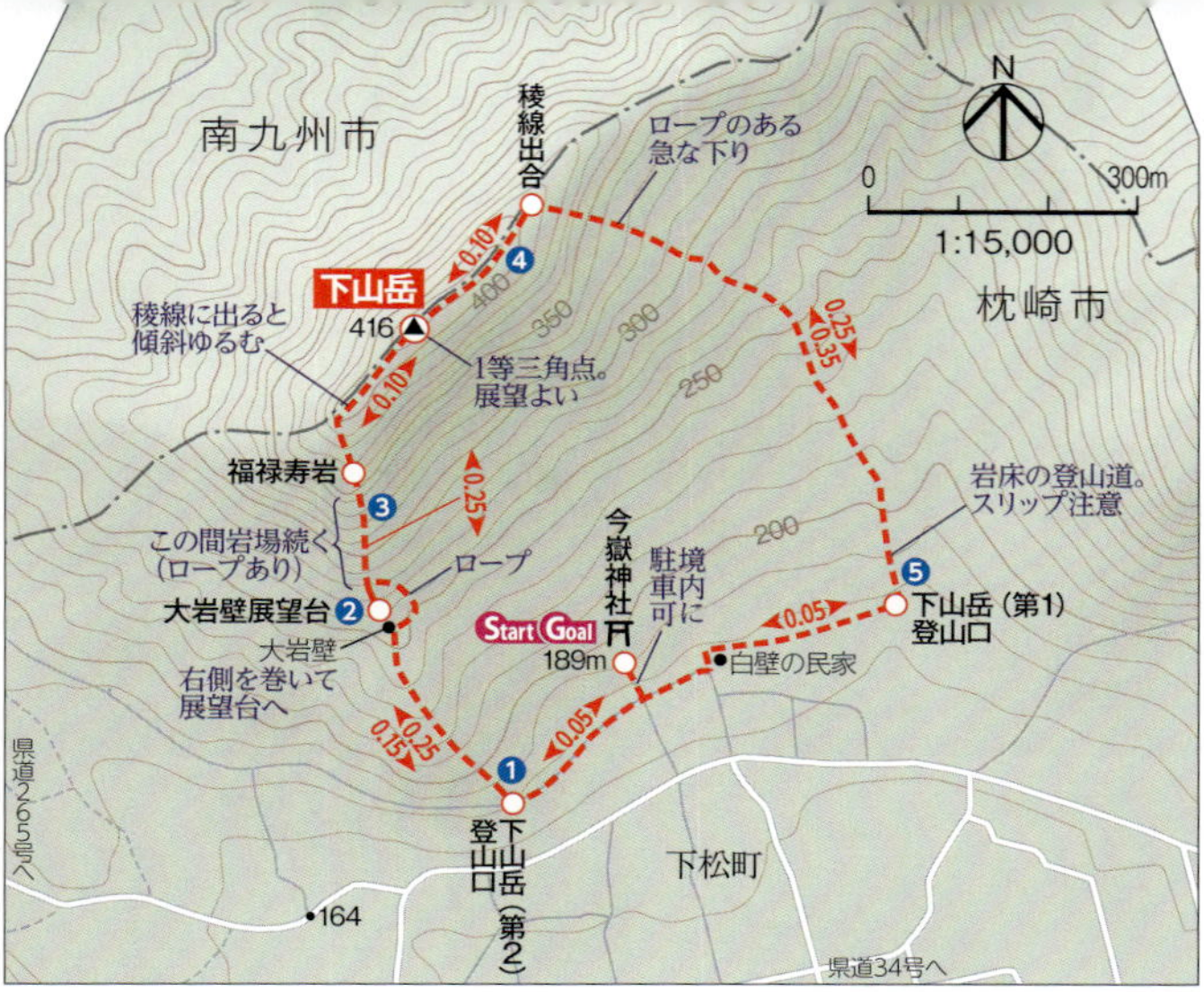

い。
すぐロープが取り付けてある約5メートルの岩場を登ると、次は10メートルほどある岩場が現れる。ここにもロープが設置してあるので安心だ。続いて約5メートルの岩場を登ると、**福禄《ふくろく》寿《じゅ》岩**と名が付いた、高さ8メートルほどの大岩がある。急登から平坦な稜線歩きに変わるとまもなく**下山岳**山頂だ。茶畑に浮かぶような大隣《おおとなり》岳《だけ》、遠くに開聞岳《かいもんだけ》から潁娃《えい》への海岸、東シナ海など望まれる。

山頂から北東へ尾根を進み、**稜線出合**から右折してロープのある急傾斜を下降する。傾斜がゆるむと岩盤の道を下るようになり、まもなく**下山岳（第1）登山口**に出て、**今嶽神社**に戻る。

第28代宣化天皇を祀る今嶽神社

設置されたロープをつかんで大岩壁のてっぺんへ

1等三角点がある下山岳の山頂

CHECK POINT

1
松崎集落の北端にある下山岳（第2）登山口から杉林の登山道に入る

2
大岩壁のてっぺんは絶好の展望台。茶畑の先に大野岳や開聞岳、東シナ海が視界いっぱいに広がる

3
ちょっぴりスリルを楽しめる岩場。ロープがあるので安心して登ることができる

4
山頂から下る稜線には、岩場や露岩が多い。すべらないように気をつけよう

5
杉林を抜けると下山岳（第1）登山口に出る。今嶽神社へは5分ほどで戻る

24

矢筈岳（南九州市）

西郷ドン岩など岩峰の展望台をめぐる人気の縦走コース

日帰り

やはずだけ 359m

歩行時間＝3時間30分
歩行距離＝5・5km

技術度
体力度

コース定数	＝13
標高差	＝350m
累積標高差	446m / 446m

第3展望台は広くて絶好の休憩ポイント。東シナ海の水平線が視界いっぱいに広がる

開聞岳の形をした開聞岩。後方の開聞岳とスカイラインが重なる

矢筈岳は、薩摩《さつま》半島南端の指宿《いぶすき》市開聞《かいもん》町と南九州《みなみきゅうしゅう》市頴娃《えい》町にまたがり、北側から眺めるとふたつの大きなコブに見えるので、地元ではラクダ山ともよんでいる。標高は400㍍に満たず、すぐ隣に名峰・開聞岳《だけ》があるので目立たない存在だが、縦走路に点在する岩峰からの展望と、山腹からそそり立つ巨岩・西郷《さいごう》ドン岩のてっぺんに登れるなど楽しめるポイントが多く、人気が高い。

物袋《もって》集落の公園から物袋の信号機のある交差点に出て、山手に向かう。JR指宿枕崎《まくらざき》線のガード下を通り、ミカン園の農道を上がり三差路に出ると、すぐ左に**矢筈岳縦走コース登山口**がある。

ミカン園の作業道から自然林に入ると岩峰の**第1展望台**があり、開聞岳と山麓の風景、東シナ海など、360度の展望が広がる。

第2展望台をすぎて尾根を左に巻くと**西郷ドン岩**だ。鹿児島市にある西郷隆盛《たかもり》銅像を思わせる岩峰で、正面は30㍍ほどの垂直の岩壁だが、裏側はわずか3㍍ほどしかない。立木をつかんで岩頭に登れば、目前に東《ひがし》シナ海《かい》の大海原が広がっている。

稜線に戻ると右に陰陽石《いんよう》がある。左折して小さな尾根のコブに登ると、第3展望台への分岐があ

西郷ドン岩。高さ約30㍍、頭が花嫁の角隠しに見えるので地元では嫁女岩ともよばれている

■鉄道・バス
往路・復路＝JR指宿枕崎線指宿駅または山川駅から鹿児島交通バス、指宿市営のイッシーバスで物袋へ。ただし前者は1日6便（土曜・休日は3便）、後者は火・木・土曜のみの運転で1日2便で、日帰り登山には

JR指宿枕崎線が走る物袋集落からの矢筈岳。山頂は左端の丸いピーク、中央やや左下の岩峰が第1展望台

る。左へ進んで少し下ると、露出した巨岩の**第3展望台**に出る。東シナ海や矢筈岳の山頂を眺める、絶好の休憩ポイントだ。

分岐に戻ると、すぐ岩場が現れる。設置されたロープを伝って越えると、左手に刀剣《とうけん》岩がある。尾根が平坦になると、矢筈岳登山口へ下る登山道の**分岐**に出る。

池田《いけだ》湖展望台の大岩から池田湖を眺め、露岩が点在するやせ尾根を進むと開聞岩がある。その名の通り開聞岳の形をしており、後方に見える開聞岳とスカイラインが重なる。

開聞岩から約50㍍で**矢筈岳**山頂に着く。巨岩の展望台が最も高く、三角点は2㍍ほど低い土面にある。開聞岳と東シナ海、頴娃の市街地から枕崎へと続く海岸線、好天日には屋久《やく》島も確認できる。

下山は、矢筈岳登山口への**分岐**から急坂の山道と荒れた林道を下ると、**矢筈岳登山口**に達する。開聞岳と西郷ドン岩を眺めながら農道を下り、長崎《ながさき》集落を通って**物袋集落の公園**に戻る。

利用しづらい。

■**マイカー**
開聞十町交差点から国道226号を頴娃方面に向かい、物袋バス停から左手の海岸へ向かうと物袋集落の公園がある。5～6台駐車可、トイレはない。

■**登山適期**
おすすめは、ヤマザクラの咲く3月下旬から4月上旬と新緑の5月。

■**アドバイス**
▽指宿市の開聞十町に薩摩一の宮・枚聞（ひらきき）神社がある。開聞岳を背景に建つ朱塗りの社殿は優雅で、宝物殿に国の重要文化財である松梅蒔絵櫛筒がある。
▽頴娃町にある釜蓋神社は、釜蓋を頭に乗せて歩き、落とさずにお参りできれば願いが叶うという珍しい神社で、人気の観光スポット。
▽温泉は頴娃町牧之内にえい中央温泉センター（☎0993・36・3715）がある。

■**問合せ先**
指宿市開聞庁舎☎0993・32・3111、南九州市頴娃支所☎0993・36・1111、鹿児島交通指宿営業所（バス）☎0993・22・2211（イッシーバスも）、南九州あづま交通開聞営業所（タクシー）☎0993・32・3121

■**2万5000分ノ1地形図**
開聞岳

＊コース図は83㌻を参照。

北側から眺めた矢筈岳（左奥）。ふたつのコブがあるのでラクダ山ともよばれる（右後方は開聞岳）

CHECK POINT

ミカン園の農道にある矢筈岳縦走コース登山口。農道の三差路から左へ20メートルのところにある

第1展望台。開聞岳と山麓の風景、東シナ海など、360度の展望を楽しめる

矢筈岳縦走コースのハイライト、西郷ドン岩に立つ。立木をつかんで3メートルほどの岩場を登る

第3展望台分岐～刀剣岩間は、ロープが設置された岩場を通過する。ちょっぴりスリルを楽しもう

矢筈岳登山口へ下る分岐をすぎると、池田湖が見える池田湖展望台がある

展望に恵まれた矢筈岳山頂。巨大な露岩から開聞岳、頴娃町から枕崎市への海岸、縦走路の山稜が見渡せる

南九州市
矢筈岳
359
巨岩の展望台
3等三角点
開聞岩
池田湖展望台
分岐
刀剣岩
第3展望台
第3展望台分岐
岩場を登る（ロープあり）
西郷ドン岩
陰陽石
第2展望台
第1展望台
矢筈岳縦走コース登山口
三差路を左へ
ミカン園
矢筈岳登山口
147
農道を下る
長崎
物袋集落の公園
9m
Start Goal
公園やそれぞれ海岸に駐車スペース（3～5台分）がある
国道を左へ
物袋
信号機
九州自然歩道
JR指宿枕崎線
入野駅
指宿市
頴娃城跡
多宝仏塔
開聞十町
松山
京田
玉井中組
瑞応院跡
開聞十町交差点
開聞駅
指宿市役所開聞庁舎
枚聞神社 薩摩の宮
唐船峡公園
池田湖 頴娃IC へ
1:20,000
0
500m
N

25

開聞岳

かいもんだけ
924m

日本百名山に選ばれた名峰は、どこから見ても美しい円錐形

日帰り

歩行時間＝4時間30分
歩行距離＝7・5km

技術度 ★☆☆☆☆
体力度 ♥♡♡♡♡

コース定数	＝19
標高差	＝802m
累積標高差	↗835m ↘835m

薩摩《さつま》半島の最先端に位置し、錦江《きんこう》湾の入口（海門《かいもん》）にあることから、いつしか開聞岳とよばれるようになった。どこから見ても均整のとれた円錐《えんすい》形の美しい山容から「薩摩富士」と称される。標高は1000《メートル》に満たないが、日本百名山に選ばれている。山体は下部がコニーデ型、上部がトロイデ型の二重火山で、標高700《メートル》あたりに、わずかなくびれを確認できる。

登山道は、登山口から山頂までらせん状に山体を一周する一本道である。

開聞岳のある指宿《いぶすき》市は全国に知られた温泉の街で、季節を問わず、県内はもとより、県外や外国から観光を兼ねて訪れる人が絶えない。

かいもん山麓ふれあい公園を出発し、10分ほどで大きな案内板が

■**鉄道・バス**
往路・復路＝JR指宿枕崎線開聞駅。または山川駅から鹿児島交通バス、指宿市営のイッシーバス（火・木・土曜運行）で開聞駅へ。かいもん山麓ふれあい公園へは徒歩約20分。

■**マイカー**
国道226号開聞十町交差点から正面に見える開聞岳を目指せば、かいもん山麓ふれあい公園に着く。駐車場は無料。管理棟に売店とトイレがある。

■**登山適期**
通年登れるが、山麓が菜の花で黄色に染まる春先がベスト。

■**アドバイス**
▽岩場と溶岩礫の下りはすべりやすい。急がないこと。
▽いぶすきゴルフクラブ入口の手前から7合目に突き上げる古道があるが、登山道として整備されていない。
▽山川にあるヘルシーランドたまて箱温泉（☎0993・35・3577）は、開聞岳と東シナ海を眺める絶景露天風呂が人気。隣には砂むし温泉砂湯里（☎0993・35・2669）がある。

■**問合せ先**
指宿市開聞庁舎☎0993・32・3111、かいもん山麓ふれあい公園☎0993・32・5566、鹿児島交通指宿営業所（バス）☎0993・22・2211（イッシーバスも）

↑開聞岳山頂から見下ろす山麓の集落と池田湖。遠くは錦江湾と高隈山（中央）、その左に桜島が望まれる

→薩摩半島最南端の長崎鼻から望む開聞岳。まるで海に浮いているように見える

ある**2合目登山口**に着く。雑木混じりの杉林を登ると**2・5合目**に出て、ここから背丈ほどの堀切状になった狭い溶岩礫の道を登る。**5合目**は展望デッキとベンチがあり、長崎鼻《ながさきはな》の眺めがよい。

7合目をすぎると、左手に東《ひがし》シナ海《かい》が広がる。露岩の上を歩くようになり、7・1合目の展望所からは、硫黄島《いおう》や種子島《たねが》、屋久島《やく》、黒島《くろ》など望むことができる。

かつて山伏たちの修行の場であったという**仙人洞**《せんにんどう》をすぎると、小さな岩場の登りが続く。9合目をすぎると北側の展望が開けて眼下に登山口付近が見え、ちょうど山体を一周したことがわかる。

岩場にある高さ約8メートルの急なハシゴを登ると、山頂まで岩場が続く。御嶽《みたけ》神社の横を通ると、大きな露岩の**開聞岳**山頂だ。皇太子徳仁親王《こうたいしなるひとしんのう》が登られた記念の石盤があり、九州最大の池田湖《いけだ》や長崎鼻、霧島《きりしま》連山に桜島《さくらじま》、大隅《おおすみ》半島の南端・佐多《さた》岬まで360度の雄大な展望に恵まれる。

下山は往路を引き返す。

■2万5000分ノ1地形図
開聞岳

＊コース図は87ジーを参照。

北麓にある枚聞神社。元々は開聞岳をご神体とする

登山者でにぎわう開聞岳山頂

JR最南端の駅・指宿枕崎線西大山駅に到着する列車。菜の花畑と開聞岳とのロケーションが絵になる

CHECK POINT

2合目の登山口には大きな案内板がある。休日は家族連れの登山者も多い

汗がにじみ出す頃、ベンチのある2.5合目に着く。ひと息入れて服装の調節をするのによい

2.5合目から、幅が1㍍ほどの堀切状になった溶岩礫の狭い登山道を進む

5合目展望所から望む薩摩半島最南端の長崎鼻。錦江湾のかなたに辻岳や野首嶽など、大隅半島の山々も望まれる

7合目から足場の悪い露岩の上を歩く。左手は大海原の眺望で気持ちがよいが、用心して進もう

ぽっかり穴の空いた仙人洞。山伏たちの修行の場として使われたと伝えられている

9合目をすぎ、高さ8㍍ほどの岩場に取り付けてある急なハシゴを上がる。これを越えると山頂は近い

山頂の一角にある御嶽神社の鳥居と祠。北麓の枚聞(ひらきき)神社の奥宮にあたる

頴娃駅、枕崎駅へ
池田湖、頴娃ICへ
開聞十町
松山
枚聞神社
薩摩一の宮
開聞十町交差点
開聞口
入野駅
JR指宿枕崎線
開聞駅
指宿市役所開聞庁舎
松原田
塩屋
脇
Start Goal
かいもん山麓ふれあい公園
1合目
開聞中学校
そばの館
プール
草スキー場
2合目登山口
2.5合目
ベンチ
3合目
火山礫の道
4合目
5合目(救助第4ポイント)
展望デッキ、ベンチあり
6合目
7合目
7.1合目展望所(救助第3ポイント)
仙人洞
8合目
ロープのある岩場
9合目
救助第2ポイント
ハシゴ
救助第1ポイント
御嶽神社
2等三角点。展望よい
開聞岳
指宿市
山川駅、鹿児島へ
山川駅、鹿児島中央駅へ
川尻、長崎鼻へ
いぶすきGC
開聞山麓自然公園
九州自然歩道
頴娃へ
花瀬望比公園へ
1:25,000

26

日本三百名山に選ばれた大隅半島最高峰からの展望を満喫

大箆柄岳

おおのがらだけ
1236m

日帰り

歩行時間＝3時間50分
歩行距離＝6・6km

技術度
体力度

コース定数＝16
標高差＝610m
累積標高差 686m 686m

刀剣山1峰から望む照葉樹に覆われた高隈山の主峰・大箆柄岳（中央が山頂）

大隅《おおすみ》半島の垂水《たるみず》市と鹿屋《かのや》市の境にある大箆柄岳は、妻岳《つまだけ》、御岳《おんたけ》、横岳《よこだけ》など1千㍍を超える峰が7座連なる高隈《たかくま》山の最高峰で、日本山岳会が選定した日本三百名山に選ばれている。山頂からの展望は県内屈指を誇り、県本土の主要な山のほとんどを見渡すことができる。

山頂からの大展望。桜島が霞んで見える

　高隈山は、古くから修験者が修行した霊山で、江戸時代にはさかんに岳参《たけまい》りが行われ、当時設置された石祠が登山道や山頂に見られる。また、高隈山を覆う照葉樹林は西日本最大級ともいわれ、森林生物遺伝資源保存林、県立自然公園、おおすみ自然休養林などとして保護され、タカクマの名がつく固有種や南限地の植物も数多い。

　大箆柄岳へは、垂水市の大野原《おおのばる》林道に大箆柄岳登山口とスマン峠登山口が、鹿屋市の大箆柄林道に寿八《じゅはち》コース登山口と、大隅湖畔から健脚向きの天狗《てんぐ》古道《こどう》コース登山口があるが、ここでは最もポピュラーな垂桜《たるざくら》集落から大箆柄岳登山口へ向かい山頂を目指す。

　大野原林道起点から4㌔地点に**大箆柄岳登山口**がある。しばらくなだらかな尾根を進むと、左の樹間に照葉樹の緑がひときわ美しい七岳《ななつだけ》が望まれる。

　七岳分岐と3合目の道標をすぎるとしだいに傾斜が増し、本格的な登りとなる。集中豪雨により、足もとから数百㍍崩壊した箇所を通過すると、露岩のある**5合目の展望所**に出る。絶好の休憩地点で、錦江《きんこう》湾越しに薩摩《さつま》半島の眺めがすばらしい。

　ここからも急坂が連続するが、主稜線まで登ると傾斜がゆるやかになる。左手にある**杖捨祠**《つえすてほこら》は、昔岳参りで登った村人が、ここから先は楽な登りで杖を捨てた場所と伝えられている。

　大箆柄岳の山名の由来であるスズタケを切り開いた登山道を進み、日本の南限といわれるブナが現れると、明るく開けた**大箆柄岳**の山頂に着く。小《こ》箆柄岳を経て、妻岳から横岳へ連なる照葉樹の山稜、錦江湾《きんこうわん》をはさんだ開聞岳《かいもんだけ》や野《の》間岳《まだけ》、金峰山《きんぽうざん》など南薩《なんさつ》の山、さら

■鉄道・バス
登山に適した公共交通機関はない。垂水港から大箆柄岳登山口へはタク

に桜島《さくらじま》、北薩《ほくさつ》の紫尾山《しびさん》や霧島《きりしま》連山まで大パノラマが展開する。

帰りは往路を返すが、時間に余裕があれば、山頂から小篦柄岳往復、または天狗古道コースを盆山《ぼんさん》まで下り、天狗像を見て帰るのもよい。

大篦柄岳から望む高隈連山。左から妻岳、二子岳、平岳、横岳のピーク。頑張れば日帰り全山縦走も可能

CHECK POINT

1 垂桜集落の大野原林道起点からちょうど4キロ地点にある大篦柄岳登山口

2 登山道の左に照葉樹の緑が美しい七岳（ななつだけ・881メートル）が見える

3 急坂を登り終えると杖捨祠に出る。ここから山頂までなだらかな道を登る

4 背丈より高いスズタケが茂る登山道を進む。大篦柄岳山頂は近い

5 山頂手前では数本のブナが見られる。高隈山は日本ブナの南限といわれる

6 紅葉に彩られた山頂付近の山肌。見ごろは10月下旬から11月初旬

7 大隅半島最高峰・大篦柄岳山頂。後方は御岳（中央やや左）、右の尖ったピークは妻岳

8 盆山山頂の高隈天狗像（高さ約30センチ）。天狗の鼻が折れている

8はコース外

シーを利用できるが、予約時に登山口まで入れるか確認すること。

■マイカー 垂水方面から県道71号を大隅湖へ向かい、垂水市乗合タクシー田地明停留所から右の分岐道に入り、垂桜集落から大野原林道を大篦柄岳登山口まで上がる。林道は一部荒れた箇所があるので、最低地上高の高い4WD車での走行をすすめる。

■登山適期 おすすめは新緑の5月と紅葉の10月下旬。冬の寒波到来時は、樹氷や積雪することがあり、雪山登山を楽しめる。

■アドバイス ▽垂水市にレンタカー会社はない。▽大篦柄岳から小篦柄岳往復は約1時間30分、縦走路から盆山往復は約1時間10分を要する。▽温泉は、旧垂水港近くに垂水温泉ＴＭ技研（☎０９９４・32・７７８０）がある。

■問合せ先 垂水市水産商工観光課☎０９９４・32・１１１１、垂水フェリー鴨池営業所☎０９９・２５６・１７６１、垂水市乗合タクシー☎０９９４・32・８６８６（ハロータクシー）、南海タクシー（垂水市）☎０９９４・32・００５１

■2万5000分ノ1地形図 上祓川

＊コース図は90・91ページを参照。

垂水へ
鶴
176
233
71
串良川
農村研修村
井手
206
307
上古園
165
P
大箆柄岳
天狗古道コース
登山口
0:35
0:25
石照神社
547
585
447
362
250
大隅湖
269
0:30
0:20
徒渉点
409
694
274
261
0:40
0:30
636
528
高隈ダム
204
林道出合
275
大箆柄林道起点
504
775
地寄林道
1:45
1:15
展望石
盆山
8
天狗古道コース
137
重田
292
325
大箆柄岳登山口
0:40
0:30
鹿屋市街へ
急坂続く
大箆柄岳コース
354
上高隈町
串良川
1:50
1:20
大箆柄林道
659
445
211
952
1:30
1:10
寿八コース
登山口
寿八コース
鹿屋市
0:40
0:25
大箆柄岳
寿八コース出合
急坂
通行止めロープ
大箆柄川
409
278
271
604
568
776
横岳や二子岳、
妻岳の展望よい
798
N
0
500m
1:35,000
224

大隅湖、鹿屋へ
九州自然歩道
堀切
国道220号、垂水港へ
大野原
田神
垂水市
県道71号、垂水港へ
大野原林道起点
垂桜
垂桜へは垂水市街から垂水市乗合タクシー（要予約）が運行されている。ただし1日2便で日曜・祝日は運休
猿ヶ城渓谷へ
七岳
881
光石
大野原林道
道標
九州自然歩道
5～6台分の駐車スペース
七岳分岐
3合目
急坂
錦江湾越しの薩摩半島の眺望
5合目展望所
8合目
コース出合
天狗古道
杖捨祠
626m
大箆柄岳登山口
Start Goal
西郷ドン岩
9合目
大箆柄岳
1236
3等三角点。すばらしい展望
長い林道歩きだが周回コースがとれる
本城川
猿ヶ城林道
高隈山
スズタケが密生している
小箆柄岳分岐
スマン峠登山口
スマン峠
急坂
白山林道
白山、鳴之尾牧場へ
御岳、横岳へ

27 風格ある山容と山頂からの360度の展望が魅力

御岳

おんたけ
1182m

日帰り

歩行時間＝3時間40分
歩行距離＝6・4km

技術度
体力度

コース定数＝**17**

標高差＝706m

累積標高差 781m 781m

鳴之尾牧場の背後にそびえる御岳（左のピーク）。「東洋のアルプス」ともよばれているのがよくわかる景観だ

鹿屋《かのや》市にある御岳は、大篦柄岳《おおのがらだけ》に次ぐ高隈山《たかくまやま》第2の高峰で、山頂に竜王権現《りゅうおうごんげん》が鎮座すると伝えられ、別名を権現岳《だけ》という。南側の鹿屋市街地から眺めると、隆々としたボリューム感あふれる山容をしているが、東側からは美しいピラミッド型の姿を見せる。山麓の鳴之尾《めいのお》牧場で草を食む牛の群れと、背後に連なる高隈山のロケーションは、「東洋のアルプス」とよばれ、映画のロケ地になったこともある。また、鳴之尾牧場から高須川上流にかかる落差62メートルの白《しら》滝へトレッキングコースも整備されている。

御岳山頂から眺める高隅連山。左から平岳、二子岳、妻岳

御岳へは、鳴之尾林道にある五合目まで車で上がり、御岳登山口から登る人が多いが、ここでは鳴之尾牧場の手前にある鳴之尾登山口から御岳を目指そう。

鳴之尾登山口から鳴之尾林道まで、標高差約200メートルの急坂を登る。**鳴之尾林道**に出て左に進むと、**五合目**のテレビ塔下登山口への入口に出る。右の分岐道を進むと左側の岩壁のあちこちにタカクマホトトギスが着生し、9月中旬に黄色い可憐な花が見ごろとなる。

■鉄道、バス
登山に適した公共交通機関はない。

■マイカー
垂水港から国道220号を南下、鹿屋市花岡町で左折して鹿屋市花里町を経て鳴之尾牧場に向かうと、牧場の約1キロ手前に登山口がある。駐車場はなく、車道脇に車を置く。

■登山適期
おすすめは、タカクマホトトギスの咲く9月中旬と、紅葉の10月下旬。

■アドバイス
▽垂水市にレンタカー会社はない。
▽テレビ塔下登山口の入口に仮設トイレや駐車スペースがある。また、手前の峰越林道分岐点に登山者用駐車場がある。
▽上祓川コースは、現在登山道として開放されていないが、登り下り可能。また九合目から北東尾根を下れば、約50分で峰越林道に出る。
▽温泉は旧垂水港の近くに、垂水温泉TM技研（☎0994・32・7780）がある。

■問合せ先
鹿屋市ふるさとPR課☎0994・43・2111、垂水フェリー鴨池営業所☎099・256・1761、南海タクシー（垂水市）☎0994・32・0051

■2万5000分ノ1地形図
上祓川

林道終点の**御岳登山口**から、階段の登山道をジグザグに登ると、狭い尾根上に**テレビ塔**が建っている。御岳を望む絶好の休憩ポイントだ。高さ10メートルほどの小高いピークに登れば、忠兵衛岳《ちゅうべえだけ》と彫られた石碑と石づくりの手水鉢がある。

クサリを取り付けた岩場から急登が続くが、**八合目の水場**をすぎるとなだらかになり、上祓川《かみはらいがわ》コース合流点の**九合目**に着く。目前にそびえる山頂目指してひと息登ると、**御岳**山頂に着く。高隈竜王大権現の石碑があり、展望は360度。大箆柄岳から横岳《よこだけ》へ連なる高隈山の主稜線を一望し、また県本土の主要な山々が視界に入り、鳴之尾牧場のグリーンとあざやかな赤い屋根が印象に残る。

下山は往路を引き返す。

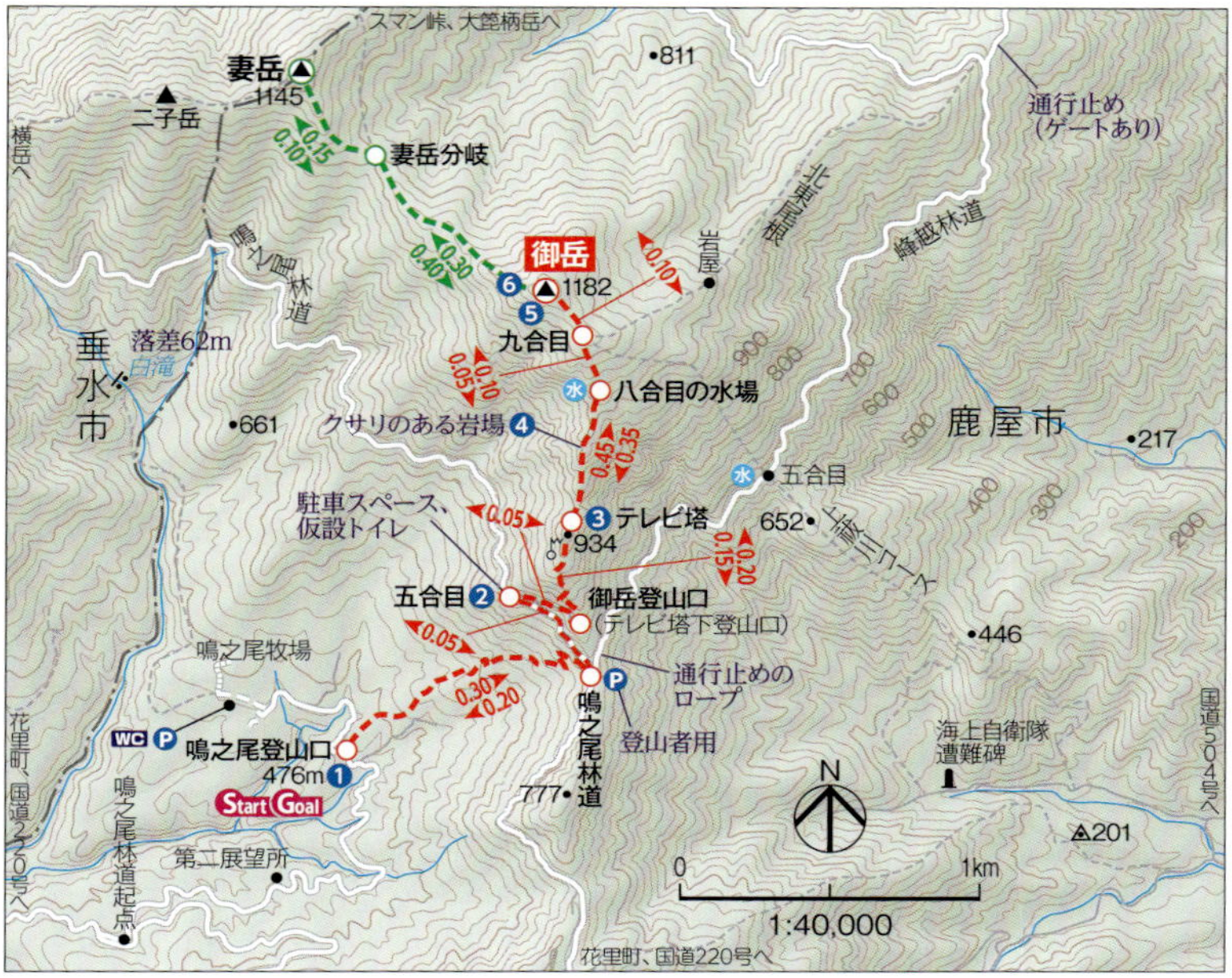

CHECK POINT

鳴之尾牧場手前の登山口を出発。鳴之尾林道まで高低差約200メートルの急坂を登る

五合目にあるテレビ塔下登山口への入口。林道を終点の御岳登山口まで進む

テレビ塔施設から間近に望む御岳の山頂

テレビ塔から少し下ると、チェーンが取り付けてある岩場の登りとなる

山頂直下からは後方に笠野原台地、鹿屋市街地や肝属山地の山々などが広がる

竜王大権現が鎮座するといわれる御岳山頂（後方は大箆柄岳）

タカクマホトトギスの花。テレビ塔下登山口付近の岩壁に多く見られる

28 横岳

高隈山最大の祠と巨滝をめぐる充実コース

日帰り

よこだけ 1094m

歩行時間＝5時間25分
歩行距離＝10・1km

技術度
体力度

鹿屋市花岡町から望む横岳(中央)と平岳(右)

真夏でもひんやりとする落差50メートルの万滝(別名黒滝)

とんがり山への登山道沿いは5月中旬にヤマツツジが咲く

垂水《たるみず》市にある横岳は、高《たか》隈山《くまやま》の1千メートルを超える7つの峰では最も低いが、どこから見ても三角形の山頂部が目をひき、主峰の大箆柄《おおのがら》岳《だけ》、第2峰の御岳《おんたけ》に次いで存在感がある。山頂は周囲の樹木がのびてはいるが、北東から南西方向の展望が得られ、山頂の祠は、高隈山では別格の大きさを誇る。山名は、山頂部が少し横に傾いたように見えるので、鹿児島の方言で「よんご岳《だけ》」とよんでいたのが横岳になったといわれる。

山頂へは猿ケ城《さるがじょう》渓谷から刀剣山《とうけんざん》経由のコースもあるが、ここでは最もポピュラーな、国立大隅少年自然の家のキャンプ場から山頂を目指し、万滝《まん》をめぐってキャンプ場に

コース定数	＝24
標高差	＝804m
累積標高差	↗1098m ↘1098m

■鉄道、バス
登山に適した公共交通機関はない。

■マイカー
垂水港から国道220号を南下、古江バイパスに入り、左折して鹿屋市花里町の大隅少年自然の家キャンプ場へ向かう。駐車場、トイレあり。

■登山適期
4月中旬からヤマツツジ、8月中旬からツクシコウモリソウ、9月中旬にはミカエリソウが見ごろとなる。

■アドバイス
▽大雨増水時に万滝直下の徒渉は危険。往路を引き返すこと。
▽自然の家キャンプ場の常設テントは年間を通して無料で利用できる。
▽温泉は旧垂水港近くに垂水温泉TM技研（☎0994・32・7780）がある。

■問合せ先
垂水市水産商工観光課☎0994・32・1111、鹿屋市ふるさとPR課☎0994・43・2111、国立大隅少年自然の家☎0994・46・2222、南海タクシー（垂水市）☎0994・32・0051、旭交通タクシー（鹿屋市）☎0994・44・8811

■2万5000分ノ1地形図
上祓川

横岳山頂から北東側の展望。中央左から主峰・大篦柄岳、小篦柄岳、妻岳。いずれも標高が1千㍍を超える

戻る周回コースを紹介する。

キャンプ場の駐車場から登山口へ向かい、とんがり山を越えて**四差路**に出る。ここからロープのある急登が続くが、展望が開け、尾根がなだらかになると**高塚**《たかつか》**林道**に出る。御岳を眺めながらひと息入れよう。

再びロープのある急登を続けると傾斜がゆるみ、稜線の**縦走路**に出る。なだらかな稜線を進み、山頂直下の急坂をひと息登ると、明るく開けた**横岳**山頂に着く。アセビの木の根元に大きな祠があり、展望は東に平岳《ひらだけ》から二子岳《ふたごだけ》を経て妻岳《つまだけ》の尖峰が、さらに主峰・大篦柄岳へと山稜が連なる。南には、鹿屋《かのや》市街地や海上航空自衛隊鹿屋基地、遠く肝属《きもつき》山地の山並みが広がっている。

横岳からの下りは急傾斜だ。ロープにぶら下がるようにして**平岳との分岐**に下る。ここから**高塚林道**へ下り、林道を歩く。**万滝下降点**で山道に入り、急坂を下ると**万滝**の真下に出る。

万滝を眺めたら高須《たかす》川の右岸に沿って下り、**四差路**から錦江《きんこう》湾眺望コースを通って**キャンプ場の駐車場**に戻る。

CHECK POINT

1 登山口のある大隅少年自然の家のキャンプ場管理棟。学校行事でキャンプや登山のある日はにぎやかだ

2 四差路から高塚林道まで急登が続く。林道に着いたら御岳を眺めながら休憩しよう

3 稜線の縦走路に出てひと息入れる。左へ行けば白山、目指す横岳へは右に進む

4 明るく開けた横岳山頂。この祠は、高隈山で最も大きい

5 平岳分岐。一帯はミカエリソウの大群生地で、9月中旬は一面のお花畑

6 錦江湾眺望コースは、大草原の中を下りながら錦江湾などの眺めが楽しめる

29 古くから登られて来た、山頂に神社がある山

白山

はっさん
793m

日帰り

歩行時間＝2時間50分
歩行距離＝4・6km

技術度
体力度

コース定数 ＝13	
標高差 ＝495m	
累積標高差	556m
	556m

白山は高隈山《たかくまやま》の北端にある主峰・大篦柄岳《おおのがらだけ》から半円状に連なる峰々の西端に位置する。主稜線にある8つの峰では唯一1千㍍に満たないが、大篦柄岳から高隈山の全山縦走にチャレンジした場合は白山が最終ピークとなるだけに、達成感を味わえる山頂となる。

垂水市本城地区から望む白山（中央のピーク）。左奥は横岳

垂水市新城地区からの白山（中央やや左の丸いピーク）

山名は昔、高隈山の麓・本城《ほんじょう》の城主であった伊地知《いじち》氏の先祖が、先住地である越前白山《えちぜんはくさん》を勧請し、元和5（1619）年に山頂に白山神社を建立したことに由来する。地元の垂水《たるみず》市で最大の行事である、白山神社恒例の女男《おんだん》河原《こら》祭りは、その当時から続いているといわれ、現在は毎年4月第1日曜に催される。この日は、白山参拝登山が行われ、多くの登山者が山頂を目指す。また地元の会場では露店が並び、踊りなども披露され、多くの市民でにぎわう。

白山山頂の広場。展望や桜の花見が楽しめる

白山林道にある、**白山登山口入口**から分岐道を500㍍ほど進むと、終点に**白山登山口**の道標がある。杉林を抜け、ゆるやかな尾根を進むと、幹回り2㍍ほどの大きなモッコクの木があり、根元に**キワノキ山神《やまがみ》**の石祠がある。祠には

モッコクの大木とキワノキ山神。祠には元禄6年の刻みがある

■**鉄道・バス**
往路・復路＝垂水港からタクシーで白山登山口入口へ。白山林道起点の

地蔵様が彫られ、元禄6年の刻みが読み取れる。

縦木ヶ瀬戸《もみきがせと》入口、クリト平《だいら》入口の道標を見て、なだらかな尾根を進むと急坂となり、ひと息登ると**白山林道**に出る。林道を横断して再び急坂を登ると、白山神社の拝殿があり、すぐ上が**白山**の山頂だ。草地の広場になった山頂に大きなアセビの木と、ちょっとした花見ができるほどの桜がある。展望は眼下に垂水市街地が広がり、錦江《きんこう》湾越しに開聞岳《かいもんだけ》や金峰山《きんぽうざん》など、南薩《なんさつ》の山々を一望できる。

下山は往路を引き返す。

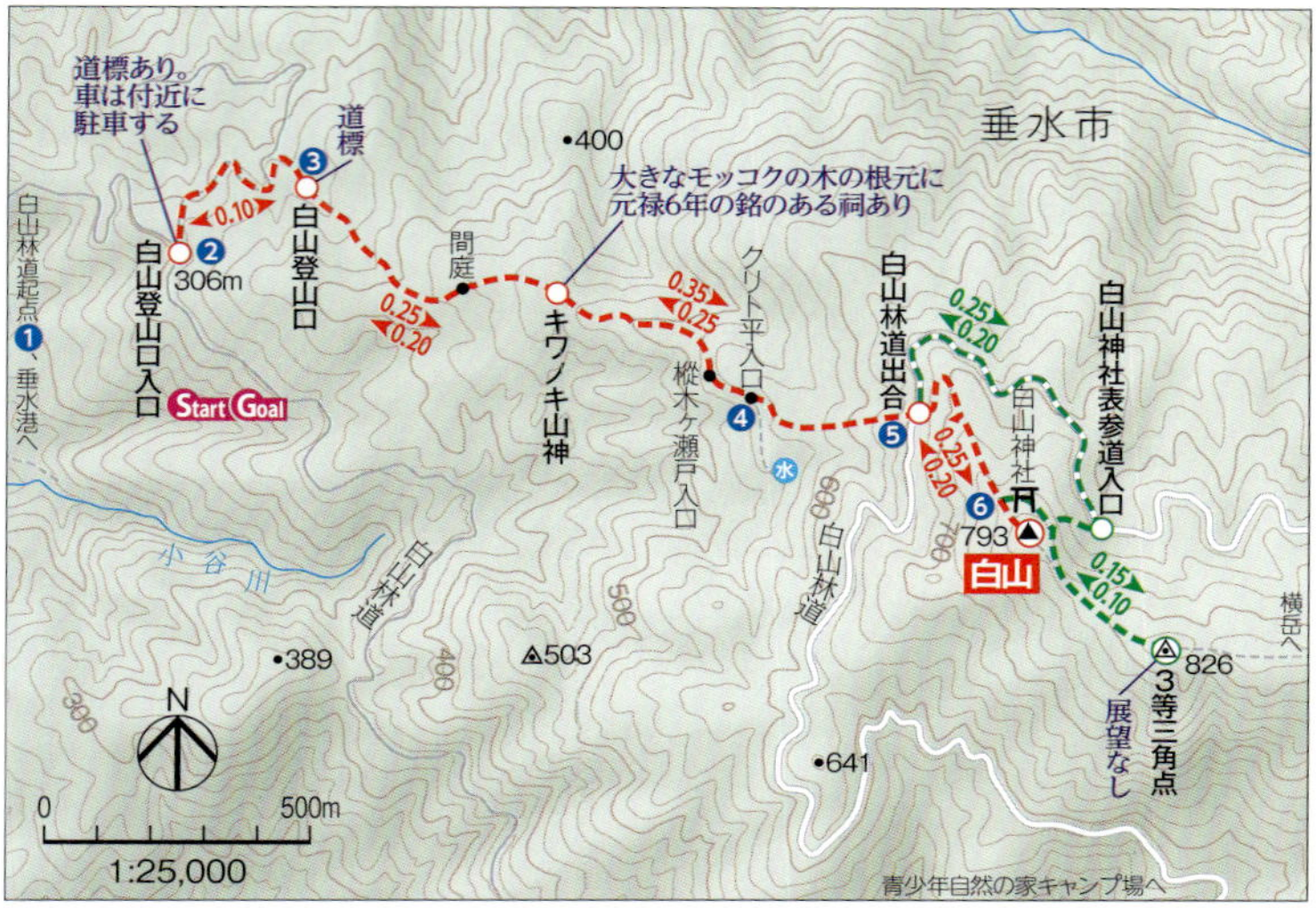

CHECK POINT

垂水港から車で約10分、段集落北側入口に白山林道起点の案内板がある

白山林道を約2キロ上がると白山登山口への分岐道がある。付近に駐車し、登山口まで約500メートル歩く

林道終点の白山登山口。ここから杉林の中を進むと、間庭の道標がある尾根に出る

クリト平入口がある尾根を進む。右へ踏跡を90メートルほど進むと沢の水場がある

白山林道に出ると、「白山へ15分」の道標がある

山頂にある白山神社。コンクリートづくりの鳥居と大きな拝殿が建っている

段集落へ垂水市乗合タクシーが運行されているが、登山には使いづらい。

■**マイカー**
垂水港から高城地区段集落に向かうと集落の北端に白山林道起点があり、舗装林道を約2キロ上がると、登山口入口の林道が出合う。林道はこの先も舗装されているが、登山道入口の道脇に駐車して出発しよう。

■**登山適期**
山頂の桜が咲く4月初旬、新緑の5月、紅葉の11月、また4月第1日曜の白山参拝登山の日もおすすめ。

■**アドバイス**
▽垂水市にレンタカー会社はない。
▽白山の近くにある826メートルピークは3等三角点があるがヤブが茂り展望はない。
▽白山山頂から横岳を往復した場合、約3時間を要す。
▽温泉は旧垂水港近くに垂水温泉TM技研（☎0994・32・7780）と、猿ヶ城渓谷に九州一のラドン含有量を誇る猿ヶ城ラドン療養泉（☎0120・026・026）がある。

■**問合せ先**
垂水市水産商工観光課☎0994・32・1111、垂水フェリー鴨池営業所☎099・256・1761、南海タクシー（垂水市）☎0994・32・0051（乗合タクシーも）

■**2万5000分ノ1地形図**
上祓川

30

刀剣山

とうけんざん
685m（1峰）

日帰り

猿ヶ城渓谷から、ひと際目をひく花崗岩の岩峰を目指す

歩行時間＝4時間15分
歩行距離＝4・5㎞

技術度
体力度

コース定数＝**17**	
標高差＝545m	
累積標高差	↗699m
	↘699m

垂水《たるみず》市の市街地から高隈山《たかくまやま》に目を向けると、ひときわ目立つ白い岩峰群がある。これが刀剣山だ。

西麓の内ノ野集落から眺める刀剣山（右から1～5峰）

1峰山頂からの高隈山最高峰・大箆柄岳

1峰から7峰まであるが、一般には1峰と3峰下の展望所が刀剣山登山の対象となる。山名の由来は、昔は葛が全山を覆っていたので、葛のことをカッネンとよび、根から澱粉をとっていた村人が、陸地測量部の調査に立ち会った際、山の名を聞かれ、とっさにカッネン山といったのを、調査員がカッナの山と聞き違え、鹿児島ではカッナは刀のことを指すので、刀の山＝刀剣山になったという。

刀剣山へは、**旧猿ヶ城《さるがじょう》キャンプ場の駐車場**から猿ヶ城渓谷の右岸を進み、ますヶ渕《がふち》の手前で左岸に**徒渉**する。小さな沢を横切ると、尾根に胸を突く急登がはじまる。尾根に出ると急登から解放され、ヤッコソウの森と**第5休憩所**があり、正面に刀剣山の岩峰群が望まれる。

第6休憩所をすぎ、倒木や流木で荒れた沢中を進むと、左岸が崩壊した、高さ15㍍ほどの段状の岩場が現れる。取り付けてあるロープをつかんで登り、バンド状の岩場をトラバースして再び沢に降りる。**5㍍ハシゴ**を登って急坂を登りつめると、まず1峰と**1峰と3峰との分岐**に着く。

■**鉄道・バス**
往路・復路＝垂水港からタクシーで旧猿ヶ城キャンプ場駐車場へ。垂水市街から旧キャンプ場のある内ノ野へ垂水市乗合タクシーが運行されているが、登山には使いづらい。

■**マイカー**
垂水港から猿ヶ城渓谷を目指すと、森の駅たるみずの先に旧猿ヶ城キャンプ場の駐車場がある。

■**登山適期**
沢の徒渉や岩場があるので、梅雨・増水時は避ける。おすすめは新緑の5月、紅葉の11月はヤッコソウも見られる。

■**アドバイス**
▽刀剣山は7峰まであり、縦走も可能だが、展望は5峰展望石からのみ。
▽猿ヶ城林道は崖崩れ、路肩崩落で通行止めとなっている
▽温泉は、猿ヶ城ラドン療養泉（☎0120・026・026）、旧垂水港近くに垂水温泉TM技研（☎0994・32・7780）がある。

■**問合せ先**
垂水市水産商工観光課☎0994・32・1111、垂水フェリー鴨池営業所☎099・256・1761、南海タクシー（垂水市）☎0994・32・0051（乗合タクシーも）

■**2万5000分ノ1地形図**
上祓川

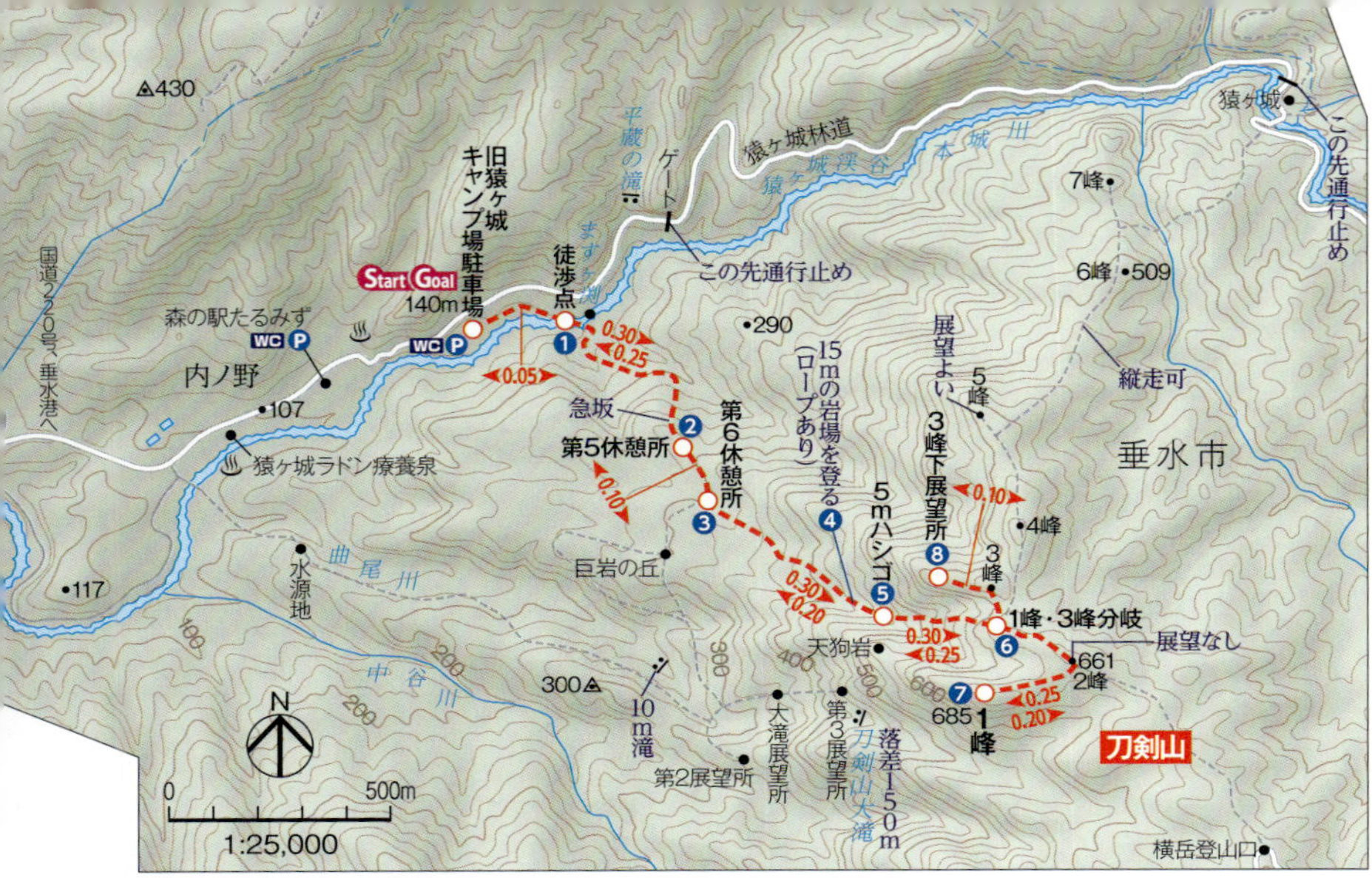

杉林を抜けると、山頂直下の急坂となり、ロープや立木をつかんでよじ登れば、巨岩の刀剣山**1峰**に着く。真っ白な花崗《かこう》岩の山頂は高度感満点で、360度の展望は、高隈山の峰々を見渡す絶好の展望台である。

1峰と3峰との分岐まで引き返すと、すぐ3峰に着くが、山頂という感じはなく、展望もない。西へやせた稜線を10分ほど進むと、**3峰下展望所**に着く。刀剣山4峰から5峰への西面の岩壁群、垂水市街地、錦江《きんこう》湾や桜島《さくらじま》などが望まれる。

下山は往路を引き返す。

猿ヶ城渓谷・ますヶ渕

CHECK POINT

1 出発してすぐ、本城川・猿ヶ城渓谷のますヶ渕の下流で対岸に渡る

2 尾根に出るとヤッコソウの森がある。11月になれば奴さんに似たかわいい姿を見ることができる

3 ベンチのある第6休憩所。落差150㍍の刀剣山大滝へ向かうコースが分岐する

4 左岸の崩壊により登れなくなった10㍍ハシゴ。ロープで段状の岩場を登る

5 右岸に設置してある5㍍ハシゴを上がって、1峰・3峰分岐へ向かう

6 稜線に出ると1峰と3峰の分岐がある。まずは1峰を目指して右へ進む

7 刀剣山1峰から次に向かう刀剣山3峰下展望所（稜線の左端）を望む

8 刀剣山の文字が彫られた石盤がある3峰下展望所。桜島などの眺めがよい

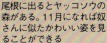

31

志布志市の最高峰、天智天皇伝説の山を訪ねる

御在所岳

ございしょだけ
530m

日帰り

歩行時間＝3時間20分
歩行距離＝6・1km

技術度

体力度

コース定数	＝**12**
標高差	＝381m
累積標高差	↗ 423m
	↘ 423m

のどかな畑地の背後にそびえる天智天皇伝説のある御在所岳

御在所岳は、大隅《おおすみ》半島東部の志《し》布志《ぶし》市にあり、古くは山熊山《やまくまやま》（または山阿山《やまくまやま》）ともよばれていた。山名の由来は、天智《てんち》天皇が潁娃《えい》・開聞《かいもん》に住んでいた玉依姫《たまよりひめ》を訪ねたあと、都に帰る途中志布志に寄り、玉依姫をしのぶため開聞岳《だけ》の見える山に登った山が、のちに御在所岳とよばれるようになった。山頂近くにある元宮跡は、708～802年に山宮《やまみや》大明神として天智天皇を祀ったと伝えられている。

カヤが切り開かれ、眺めがよい第2展望所

御在所岳山頂の3等三角点と山頂標

御在所岳へは、志布志市を通る県道65号沿いにある志布志市立田《た》之浦《のうら》小学校を目指す。校門への急な坂道を上がり、校門を横目にして車道終点の広い空き地まで来ると、**御在所岳入口**の標柱が立っている。農道に入り分岐を右に進むと、左手に御在所岳の**登山口**がある。

ロープのある急な斜面をトラバースすると、北畑《きたはた》からの登山道が出合う**鳥越**《とりごえ》に出る。ここからロープが連続する急登となるが、傾斜が緩むと第1展望所に着く。樹高がのび展望が悪くなったが、樹木越しに太平洋を望むことができる。

亀石《かめいし》をすぎ、再びロープのある急坂を登ると、カヤを切り開いた、明るい広場の**第2展望所**に着く。絶好の休憩ポイントで、眼下に志布志の田園風景、南に志

神秘的な雰囲気の元宮跡

布志湾に浮かぶ枇榔《びろう》島と太平洋の海原、志布志石油備蓄基地、遠くに肝属《きもつき》山地も望むことができる。

分岐を右に入り、鳥居をくぐると**元宮跡**に着く。苔むした大岩が高さにして10メートルほど積み重なり、その前に天智帝《てい》之《の》廟《びょう》と刻まれた神祠がある。

御在所岳山頂は、樹林に囲まれて展望はないが、山頂直前に展望所があり、東方から南方にかけて展望を楽しむことができる。

下山は往路を引き返す。

CHECK POINT

1 御在所岳入口から農道を200メートルほど進むと、御在所岳登山口の道標がある。ここから左の山道に入る

2 ロープのある急斜面をトラバースする。ここをすぎると、北畑集落からの登山道が出合う鳥越に出る

3 樹高がのび展望が悪くなった第1展望台。かろうじて志布志市の街と太平洋が望まれる

4 登山道に鎮座する亀石。地元の人により大切に保存されているものだ

5 御在所岳元宮跡入口にある鳥居をくぐれば、天智天皇を祀る元宮跡の神聖な場所に入る

6 山頂直前にある展望所。東から南にかけて展望が得られる

■鉄道・バス
登山に適した公共交通機関はない。

■マイカー
東九州道曽於弥五郎ICから県道71号に入り、岩川から県道110号を経由して松山町を抜ける。県道65号に出て左折して進むと田之浦小学校入口があり、登山口入口の広場に駐車する。トイレはない。

■登山適期
通年だが梅雨と真夏は避ける。5月の新緑、10月下旬からの紅葉もよい。

■アドバイス
▽登山道は支尾根のない1本の尾根で迷うことはない。
▽都城志布志道路松山IC近くにある松山城址は、平清盛の弟・頼盛の孫の重頼が築いたもので、二の丸部分が残っている。桜の名所で、シーズン中は夜桜も楽しめる。
▽温泉は志布志市大谷集落に大谷温泉（☎099・487・9703）、松山IC近くに松山温泉（☎099・487・2196、不定休）がある。

■問合せ先
志布志市港湾商工課☎099・474・1111、志布志市松山支所☎099・487・2111、有明タクシー（志布志）☎099・474・0111、松山タクシー（松山）☎099・487・2356

■2万5000分ノ1地形図
園田

32

かつて岳参りが行われた肝属三岳の2岳に登る

黒尊岳・国見山

くろそんだけ 909m
くにみやま 887m

日帰り

歩行時間＝3時間20分
歩行距離＝7・7km

技術度 ▲▲▲▲▲
体力度 ♥♥♥♥♥

コース定数＝**14**	
標高差＝166m	
累積標高差	↗508m ↘508m

大隅《おおすみ》半島にある甫与志岳《ほよしだけ》、黒尊岳、国見山を肝属《きもつき》三岳《みたけ》とよぶ。江戸時代から伝わる岳参《たけまい》りは、三岳を縦走し、大漁、豊作、家内安全、無病息災を祈願する山岳信仰で、「三岳を詣でれば妻をめとる」ともいわれ、当時の村の青年たちがさかんに三岳参りをしたと伝えられている。

国見平近くの車道から望む黒尊岳。左の稜線が登山道

無線中継所への車道から望む国見山

黒尊岳には、寿命継ぎの神といわれる石長比売《いわながひめ》を祀る黒尊祠があり、国見山は、神話伝説の海幸彦《うみさちひこ》・山《やま》幸彦物語の山幸彦（彦火火出《ひこほほで》見尊《みのみこと》）の山稜といわれ、国見権現《ごんげん》の名で親しまれている。

黒尊岳と国見山へは、**国見平《だいら》**とよばれる峠が起点となる。まず黒尊岳に登ろう。舗装路を進み、広場を抜けて尾根道に入る。展望のない**801メートルピーク**をすぎ、左に内之浦《うちのうら》の市街地や太平洋、右に柏《かし》原《はら》の石油備蓄基地、国見山無線中継所のドームなど見て稜線を登り下りする。**黒尊祠への分岐**をすぎると、樹林に囲まれた**黒尊岳**山頂に着く。展望は東へ10メートルほどのと

■鉄道・バス
登山に適した公共交通機関はない。

■マイカー
肝付町の旧高山町方面から県道561号を進み、国見トンネル入口手前（高山側）から左へ上がる坂道（旧道）に入って国見平まで舗装道を上がる。駐車スペースあり、トイレはない。

■登山適期
真夏は避けよう。新緑は5月、紅葉は10月下旬。2〜3月は国見山無線中継所へ上がる車道沿いのヤブツバキの花が見ごろとなる。

■アドバイス
▽国見山を下山したら、無線中継所に立ち寄ろう。大隅半島の山々の360度の雄大なパノラマを楽しめる。
▽国見平への車道の途中から、落差約80メートルある万滝への遊歩道がある。滝まで約10分。
▽温泉は肝付町新富に高山温泉ドーム（☎0994・31・5711）、肝付町内之浦にコスモピア内之浦かなえの湯（☎0994・67・4110）がある。

■問合せ先
肝付町産業創出課☎0994・65・2511、鶴丸タクシー（肝付町高山）☎0994・65・3171

■2万5000分ノ1地形図
内之浦・上名

ころの樹木が切り開かれ、荒西山《あらせやま》や甫与志岳、内之浦方面などが望まれる。

　帰りは、山頂から約10分下ったところにある**黒尊祠**を詣でてから**国見平**へ戻ろう。

国見山の東にある風力発電の風車群

黒尊岳の登路からの志布志湾

CHECK POINT

1 国見平の峠。黒尊岳へは右のコンクリート舗装道へ、国見山へはゲートの左を抜けていく

2 3等三角点のある黒尊岳山頂。展望は東側へ10㍍行くと、樹木の切り開きから内之浦側の展望が得られる

3 黒尊祠手前の古い鳥居。黒尊祠は人の寿命を司り、男女の仲を守り給うとされる

4 登山口への車道から望む国見山の山頂部

5 山頂の国見権現の鳥居。先に国見権現の石祠と文化14年と刻まれた石灯籠がある

6 大隅半島の雄大なパノラマが展開する無線中継所。国見山登山口から約5分

6はコース外

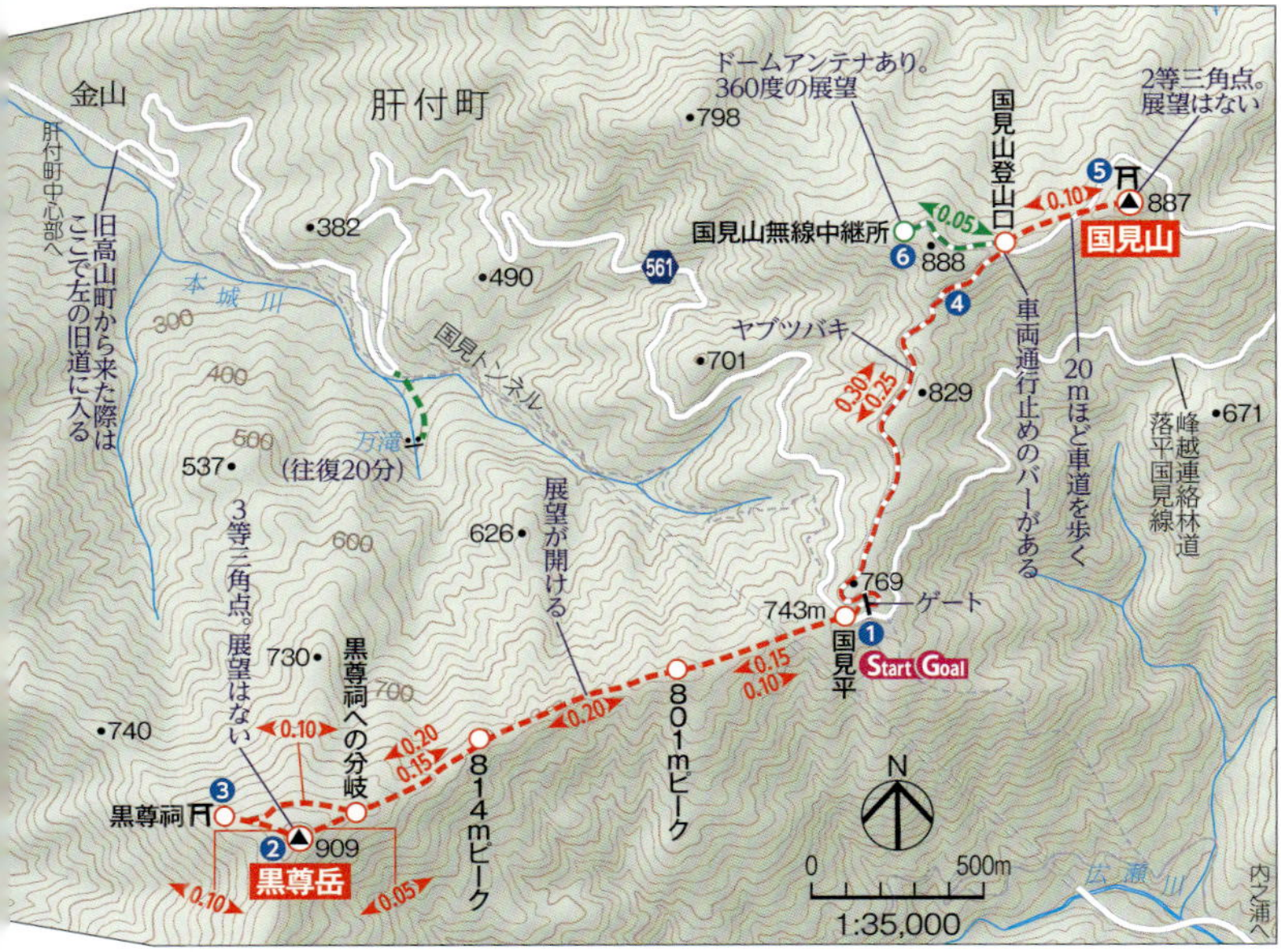

　国見山は、登山対象としての価値は低いが、肝属三岳のひとつであり、黒尊岳と併せて登るのに都合がよい。

　山頂へは、**国見平**から無線中継所への車道を歩く。風力発電風車への分岐道をすぎた15㍍ほどの地点に**国見山登山口**がある。途中で風力発電風車への道に出るが、左へ約20㍍行けば山頂への登山道があり、約5分で**国見山**山頂に着く。山頂は樹林にまれ展望がないが、東側に国見権現の古い鳥居と江戸時代の祠や石灯籠などがあり、樹木の切り開きから、甫与志岳、荒西山や六郎館岳《ろくろうかんだけ》など、大隅南部の山や太平洋が望まれる。

　帰りは往路を引き返す。

33

展望を誇る肝属山地の最高峰。点在するアケボノツツジも魅力

甫与志岳

ほよしだけ
967m

日帰り

歩行時間＝2時間15分
歩行距離＝3・4km

技術度
体力度

コース定数＝10

標高差＝415m

累積標高差 ↗433m ↘433m

↑甫与志林道から眺める甫与志岳。肝属三岳の主峰にふさわしい堂々とした山容

←清純の滝。落差・幅20メートルほどの美しい段状の滝（コース外）

甫与志岳は、大隅《おおすみ》半島のほぼ中心部にある肝属《きもつき》山地の最高峰で、

甫与志岳から稜線が連なる黒尊岳《くろそんだけ》と国見山《くにみやま》までを肝属三岳《みたけ》とよぶ。

山名の由来は、山麓の岩屋《いわや》集落で玉依姫《たまよりひめ》が葺不合尊《ふきあえずのみこと》を養育したという神話から、母養子岳《ほよしだけ》の名が付けられ、それが甫与志岳になったとの説がある。

一帯は花崗《かこう》岩の山塊からなり、山頂や渓谷に花崗岩が露出し、山腹や稜線は照葉樹に覆われている。甫与志岳の魅力は山頂から得られる360度の展望にあるが、春先は黒尊岳への縦走路に開花するアケボノツツジやミツバツツジ、夏の終盤には山頂岩壁に根付くタカクマホトトギスの花、秋は紅葉が彩りを添える。

山頂へは、二股川《ふたまたがわ》コースと姫門《ひめかど》コース、岩屋コースがあるが、ここでは最もポピュラーな二股川コースを往復する。

甫与志林道に入ると2・5キロ地

■鉄道・バス 登山に適した公共交通機関はない。

■マイカー 高山からの県道542号を岸良に向かって二股川キャンプ場まで走ると、甫与志林道入口がある。林道を進むと終点が駐車スペースのある登山口だ。林道は一部荒れた箇所があるが、乗用車も走行できる。

■登山適期 通年登れるが、おすすめはツツジの4月中旬、新緑の5月、タカクマホトトギスが咲く9月中旬、紅葉の10月下旬。

■アドバイス ▽南面の姫門コースは、展望のない急坂を登る山頂への最短コース。北面の岩屋コースは、岩屋川沢登りの下降路として使われているが、明瞭でない箇所がある。

▽温泉は肝付町新富に高山温泉ドーム（☎0994・31・5711）がある。近くに国の重要文化財に指定されている二階堂家住宅があり、見学できる。

■問合せ先 肝付町産業創出課☎0994・65・2511、鹿児島交通鹿屋営業所（バス）☎0994・65・2258、二股川キャンプ場☎0994・65・2594（夏休み期間中のみ開設）

■2万5000分ノ1地形図 上名

甫与志岳山頂からの高隅山と桜島

山頂に咲くハルリンドウ

CHECK POINT

1 甫与志林道を車で3.5キロ上がると、林道終点の広場に登山口がある。駐車スペースは充分だがトイレはない

2 高山川支流の右岸に沿って杉林を進み、沢縁に出ると小滝がある

3 高山川支流の小沢を横切って左岸に渡り、杉林の狭い登山道を進む

4 最後の水場となる沢を横切ると、急坂の尾根登りがはじまる

5 山頂直下の岩屋にある祠は、神話の彦火火出見尊(山幸彦)が祀られている

6 甫与志岳山頂からの黒尊岳(中央やや左のピーク)と国見山(右端のピーク)

点に清純《せいじゅん》の滝への遊歩道入口があり、さらに1キロ進んだ林道終点に**甫与志岳登山口**がある。

高山《こうやま》川支流の右岸に沿って進むと**小滝**のある沢縁に出る。少し先で沢を横切り、左岸側の狭い道を進む。大岩の基部を通過し、**最後の水場**となる沢を横切ると、ようやく尾根に取り付く。山頂まで急登が続くが、途中の**自然石展望台**でひと息入れよう。登山道沿いにヒメシャラが見られ、樹高が低くなると、大きな岩屋のある岩壁に突き当たる。岩屋には神話伝説の彦火火出見尊《ひこほほでみのみこと》（山幸彦《やまさちひこ》）を祀る祠がある。

岩壁を左に回りこむと、花崗岩が露出した**甫与志岳**山頂に着く。1等三角点の山頂は大隅半島屈指の展望を誇り、北に黒尊岳～国見山、南西には荒西山《あらせやま》へ照葉樹の山稜がえんえんと連なり、岸良《きしら》湾、太平洋の海原も望むことができる。

帰りは往路を下り、林道から清純の滝を見に行こう。美しい階段状の滝で、一見の価値がある。

34

北岳《きただけ》 747m

地元でテコテン山とよばれる、景行天皇伝説の山

日帰り

歩行時間＝3時間25分
歩行距離＝3・8km

技術度 / 体力度

コース定数	＝13
標高差	＝552m
累積標高差（登り）	582m
累積標高差（下り）	582m

岸良集落の背後にそびえる北岳（中央のピーク）。主稜線の左端が第1展望台

テコテンドンで北岳神社に祀る山神をお招きする山麓の平田神社

岸良の町並みや太平洋を望む自然石第2展望台

北岳は、大隅《おおすみ》半島の太平洋沿岸にある肝付《きもつき》町岸良《きしら》集落の北側に位置するので北岳の名があるが、地元の人はテコテン山と愛称でよんでいる。その由来は、景行《けいこう》天皇（第12代天皇）が内之浦《うちのうら》から北岳を通って岸良に来たという伝説があり、景行天皇が登った山、つまりケイコウテンノウ山からテコテン山とよぶようになったという。地元の平田《ひらた》神社に伝わる正月行事・テコテンドンは、地元民らが北岳に登って無病息災や五穀豊穣を願い、山の神のテコテンドンを平田神社に招いて地域の繁栄や安全を祈願するもの。北岳は地元の人々と深く関わる山なのだ。

山川原《やまかわはら》林道にある**登山口**から浅い谷間を登り、右の尾根に取り付く。主稜線まで急坂を登ると、**自然石第1展望台**に着く。絶好の休憩ポイントで、眼下に岸良集落、ウミガメの上陸地として有名な岸良海岸の砂浜と真っ白な花崗岩の

■鉄道・バス

山麓の岸良へ高山または内之浦から肝付町の乗合タクシーがあるが、登山の利用には適していない。

■マイカー

鹿屋から県道542号等で肝付町岸良へ。岸良中学校の横筋を通って山川原林道に入ると、約3キロ地点に登山口がある。林道は舗装されているが、狭く急坂もあるので、軽4WD車をすすめる。

■登山適期

通年だが、地元でテコテン桜とよぶヤマザクラが満開となる3月中旬から下旬がおすすめ。1月2日はテコテンドンの神事を見ることができる。

平田神社から歩いて10分ほどのところにあるテコテン桜。花は純白で、樹齢200年以上、幹周りは3メートルを超える

■アドバイス

▽自然石第2展望台は3メートルほど岩を登るが、不安なら、左手前の岩上からでも展望を楽しめる。

▽南麓の岸良集落から国道448号を東へ約1・5キロ行くと、高田の滝（落差約25メートル・長さ約55メートル）を目前に

磯に打ち寄せる太平洋の海原が広がる。西から南には、大尾岳《うおだけ》、荒西山《あらせやま》、六郎館岳《ろくろうかんだけ》など、大隅半島南部の山並みを一望できる。

ひと息入れて急坂を登ると、大岩が真っ二つに裂けた断割岩がある。小さなコブをすぎると急登が続き、巨岩が現れると、小さな祠のある北岳神社に着く。正月にはここでテコテンドンの神事が行われる。

北岳神社を左に回りこんで巨岩に登れば、**自然石第2展望台**がある。第1展望台と同様の展望に加え、北側に肝属山地最高峰の甫与志岳《ほよしだけ》が間近に迫る。

山頂に向かってゆるやかな稜線を登ると、**北岳**山頂に着く。樹林に囲まれているが、東側が切り開かれ、太平洋を望むことができる。

下山は往路を引き返す。

見ることができる。

▽温泉は岸良に湯ノ谷温泉（☎0994・34・6161）があり、食事や宿泊もできる。

■問合せ先

肝付町岸良出張所☎0994・68・2001、肝付町企画調整課（乗合タクシー）☎0994・65・8422

■2万5000分ノ1地形図

岸良

第2展望台から望む甫与志岳

CHECK POINT

1

山川原林道を約3㌔上がると右手に北岳登山口の道標がある。しばらく浅い谷間を登って右の尾根に取り付く

▼

2

主稜線に出ると花崗岩の自然石第1展望台に着く。大尾岳や荒西山、六郎館岳など大隅南部の山々を見渡せる

▼

3

第1展望台から山頂へ向かう途中にある断割石。大岩を上から下へ鋭く断ち割ったようだ

▼

4

巨岩の基部にひっそり置かれた北岳神社の祠。正月にはここでテコテンドンの神事が行われる

▼

5

4等三角点のある北岳山頂。樹林に囲まれているが、東側の一部が切り開かれ、太平洋を望むことができる

35 日帰り 中岳 なかだけ 677m

吾平富士と4つの美瀑をめぐる人気のトレッキングコース

歩行時間＝3時間40分
歩行距離＝5・7km

技術度 ▲▲
体力度 ♥♥

コース定数	＝16
標高差	＝553m
累積標高差	↗690m ↘690m

↑滝巡りコースを下ると最初に訪れるおしどりの滝。滝の上流と下流も花崗岩の美しい滑床になっている

←丸太を切ってつくった腰かけがある前岳山頂。北方に高隈山や肝属山地の山、南方に八山岳や荒西山など大隅の山々が望まれる

中岳は大隅《おおすみ》半島中央部にある富《ふ》士山《じさん》に似た美しい形をした山で、地元の人は親しみを込めて「吾平《あいら》富士」とよぶ。また中岳にある3つのピークを、前岳《まえだけ》・中岳・後岳《うしろだけ》と称し、中岳は3岳の総称である。地元では昔から小学校の登山会などで登られていたが、近年鹿屋《かのや》市が地域の活性化を図る事業の一環として、地元の協力を得て、中岳を縦走する登山道と山麓を流れる姶良《あいら》川にある4つの美瀑をめぐるトレッキングコースを開設した。そのことにより山域のすばらしさが知られ、多くの登山者が訪れるようになった。

中岳登山者用の**駐車場**を出発すると、吾平町浄水場の先に**中岳トレッキングコース入口**の道標がある。林道から山道に入ると、すぐロープのある急登がはじまる。

急坂を越えると、スダシイの大木の間を縫うように進む。再び急坂を登ると**第1休憩所**に着く。10人ほど腰かけられるベンチがあるので、ひと息入れよう。

再びロープが連続する急坂を登り、急斜面をトラバースすると、スダシイの巨木がある**第2休憩所**に着く。ここにもベンチがあるのでひと休みしよう。

わずかに下り、ロープを伝って急坂を登ると、中嶽神《なかだけがみ》と刻まれた石碑のある**前岳**の山頂に着く。ベンチと丸太を切った腰かけが置かれており、西に八山岳《はっさんだけ》、遠くに開《かい》聞岳《もんだけ》、北に鹿屋市街地と高隈山《たかくまやま》、遠くに霧島《きりしま》連山など、すばらしい展望を楽しめる。

中岳へは、ロープとハシゴが設置された急斜面を鞍部まで下り、ロープをつかんで急坂を登る。傾斜がなくなれば、**中岳**山頂だ。ここも休憩用のベンチと丸太切りの腰かけが置かれている。展望は前岳より若干劣るが、肝属《きもつき》山地など望むことができる。

北面の神野地区から眺める中岳。「吾平富士」の名にふさわしい姿だ

山頂から南へ尾根伝いに進むと後岳を通過するが、展望はない。

急坂を下ると登山道が**分岐**する。左折すれば直接林道に出て、おしどりの滝まで2キロほど遠回りする。ここは直進し、おしどりの滝への近道をとる。急な下りを経て姶良川を徒渉し、**林道**を少し上がると、おしどりの滝への下降点がある。

おしどりの滝を見たら林道に戻り、林道を下りながら特攻《とっこう》の滝、一本松《いっぽんまつ》の滝、杖立《つえたて》の滝を見て出発地の**駐車場**に戻る。

前岳から北に鹿屋市街地と高隈山を望む

■鉄道・バス
山麓に吾平地区くるりんバスの永野牧バス停があるが、登山には適していない。

■マイカー
鹿屋市吾平町麓から県道544号を神野地区まで走り、永野牧バス停から右の小道に入る。500メートルほど先で左の分岐道に入ると登山者用の駐車場がある。トイレはない。

■登山適期
通年登れるが、徒渉や滝見があるので梅雨時期は避けよう。真夏は滝で水遊びができる。

■アドバイス
▽増水時の姶良川徒渉は危険。増水時は後岳直下の分岐を左にとり、直接林道に下ること。
▽吾平町上名にある吾平山上陵は、神武天皇の御父君と御母君の御陵で、全国でも洞窟の陵は珍しい。小伊勢ともよばれ、多くの参拝客が訪れる。桜の名所でもある。
▽温泉は、吾平町麓に湯遊ランドあいら（☎0994・34・4500）がある。

■問合せ先
鹿屋市吾平総合支所☎0994・58・7111、鹿児島交通鹿屋営業所（吾平地区くるりんバス）☎0994・65・2258

■2万5000分ノ1地形図
半ヶ石・上名

＊コース図は111ページを参照。

ベンチや丸太の腰かけがある中岳山頂

大きなスダシイの木がある第2休憩所

CHECK POINT

1 登山者用に設けられた駐車場。入口に神野地区の名所やトレッキングコースを紹介する案内板がある

2 駐車場を出発して吾平町浄水場前を通ると、中岳トレッキングコース入口の道標がある

3 林道から山道に入ると、ロープが張られた急登がはじまる

4 第1休憩所から第2休憩所へも、ロープのある急登が続く

5 前岳にある石碑。「中嶽神・大正十一年七月吉日」と刻んである

6 前岳から中岳へは、すぐにハシゴのある急傾面を下る

7 中岳山頂から望む、甫与志岳（右のピーク）、黒尊岳（中央）、国見山（左端）

8 滝めぐりふたつ目に訪れる特攻の滝。太平洋戦争時、付近に特攻機が墜落したことから特攻の滝とよぶようになったという

9 滝めぐり3つ目は一本松の滝。滝の中ほどに一本の松があったので名が付いた。傾斜のゆるい花崗岩の滑滝で、長さは50㍍ほどある

神野、吾平山上陵、吾平町中心部へ
吾平町麓
544
始良川
肝付町
岩屋、岸良へ
吾平地区くるりんバス（火・木曜のみ運行）
永野牧
•237
296
大川
永野牧
大川内神社
牧川
Start Goal
1 駐車場 130m
P
200
•291
3 ロープのある急登
0.05
浄水場
▲278
鹿屋市
•485
2 中岳トレッキングコース入口
0.30
0.25
第1休憩所
ベンチあり
300
4 ロープのある急登
400
大川林道
0.35
0.25
スダジイの巨木、ベンチあり
•237
第2休憩所
500
0.10
0.05
杖立の滝
急登
5 前岳
0.50
0.45
0.20
0.15
急な下り 6 （ロープ、ハシゴ）
4つの滝を往復する場合は1時間プラスする
7 中岳 677
9 一本松の滝
600
ベンチ
0.25
•393
8 特攻の滝
後岳
•509
林道出合
徒渉（増水時注意）
0.50
1.05
分岐
おしどりの滝
急な下りが続く
0.20
0.30
始良川の増水時はこの道を下って林道に出る
0.30
0.35
•532
林道出合
大尾岳登山口
673•
•722
錦江町
N
696•
0
500m
1:20,000
大尾岳へ

36

八山岳

森林浴と山頂からの雄大なパノラマを楽しむ

はっさんだけ
659m

日帰り

歩行時間＝2時間20分
歩行距離＝2・8km

技術度
体力度

コース定数＝10	
標高差＝304m	
累積標高差	↗ 415m
	↘ 415m

八山岳は、大隅《おおすみ》半島のほぼ中心部にあり、地元の肝属《きもつき》郡錦江《きんこう》町が山頂からの恵まれた展望と自然豊かな森林を活かして八山岳森林公園として整備し、手頃なトレッキングコースになっている。古い国土地理院の地形図には、隣にある大尾岳《うおだけ》に八山岳と記してあり、本来の八山岳には、三角点記号と標高のみ記されていたが、現在は訂正されている。

↑登山道にあるイスノキの巨木を見上げる

←登山口のある、林道大根占吾平線から見る八山岳

八山岳へは、鹿屋《かのや》市吾平《あいら》町麓《ふもと》神《かみ》野西《のにし》地区から林道大根占《おおねじめ》吾平線を上がり山頂を目指す神野コースもあるが、ここでは整備が行き届き、1時間弱で山頂に立てる錦江町側から登ろう。

錦江町半ヶ石《はんがいし》集落に着くと、三差路に八山岳登山口の案内板がある。林道に入り、道標にしたがって走ると、大きな案内板のある**下の登山口**に着く。登山道は丸太階段で整備され、杉林の尾根を登ると鞍部《あんぶ》に出て、右に20㍍ほど行くと**イスノキの巨木**がある。

大きな洞のある大木を見て、手すりのある登山道を進み、ロープのある急坂を登ると、ひょっこり

■**鉄道・バス** 登山に適した公共交通機関はない。

■**マイカー** 国道269号の錦江町神川から県道561・68号で、または吾平町から県道68号を南下して錦江町半ヶ石を目指す。林道瀬戸谷線と林道大根占吾平線（ともに舗装路）で下の登山口へ。登山口にトイレはない。

■**登山適期** 通年登れるが、新緑の5月がよい。

■**アドバイス** ▽鹿屋市神野地区側から林道大根占吾平線を上がり、左の分岐道に入ると神野コースの登山口がある。八山岳山頂まで約2時間を要す。

▽帰りに神川大滝公園に立ち寄り、神川大滝を見物するとよい。落差25㍍・幅35㍍の大滝は迫力満点。

規模・景観とも県内屈指を誇る錦江町にある神川大滝を、高さ68㍍・長さ130㍍の吊橋から見下ろす

▽温泉は錦江町半ヶ石近くに小平温泉（☎0994・29・0877）、同町神川にトロピカルガーデンかみかわ（☎0994・22・0318）が

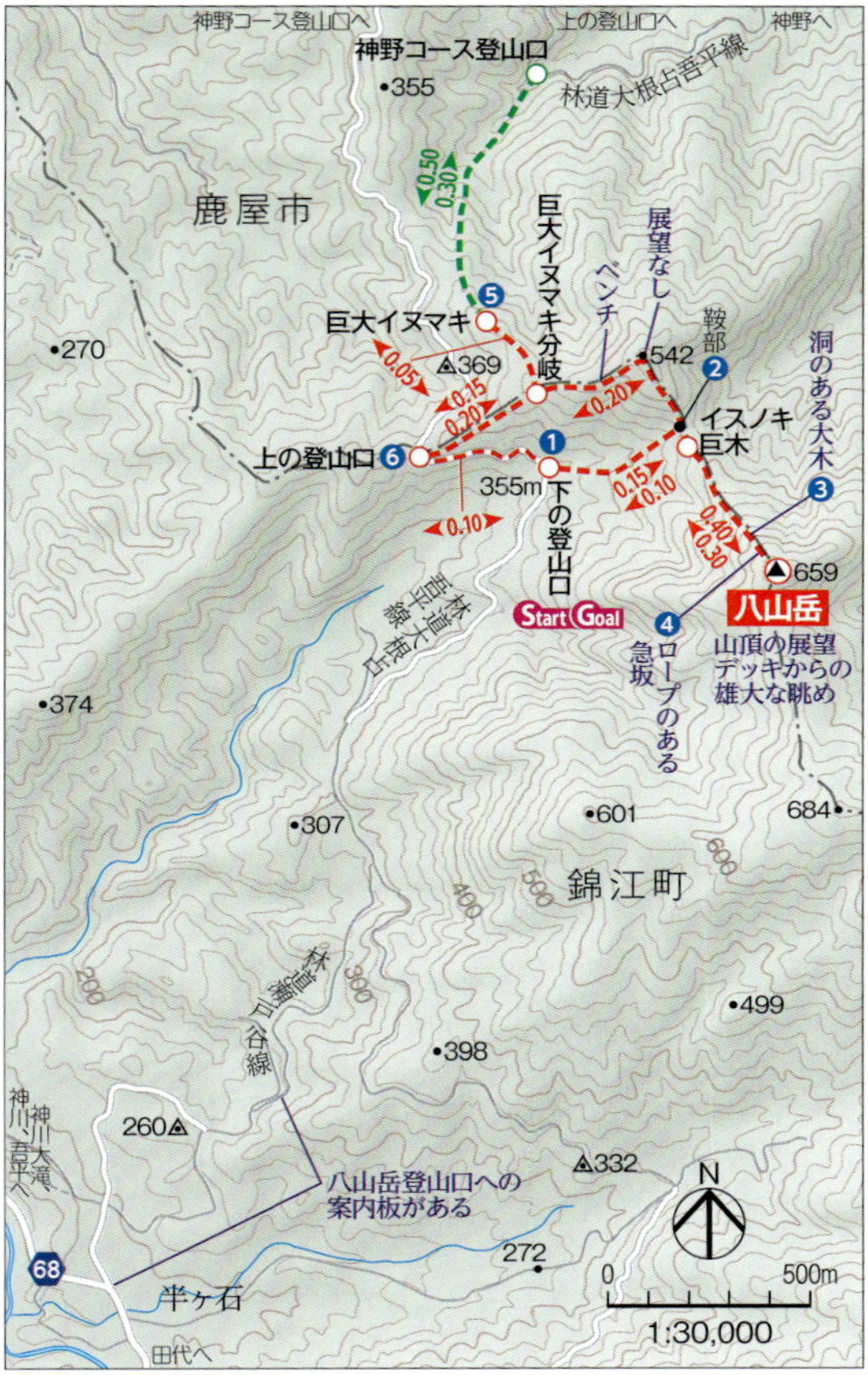

ウッドデッキの展望台の中心に3等三角点がある八山岳山頂

展望デッキになった**八山岳**山頂に着く。開聞岳《かいもんだけ》と錦江湾、その右に高隈山《たかくまやま》と鹿屋市街地、また志布志《しぶし》湾と太平洋や肝属山地が望まれ、八山岳の標高からは想像できない雄大なパノラマが展開する。

山頂から**イスノキの巨木**を経て鞍部まで引き返し、直進すると542メートルピークに着くが、展望はない。しばらく下ると、**巨大イヌマキへの分岐**に出る。

イヌマキに向かって5分ほど下ると、幹周り4・4メートル、樹高16・3メートルもあった**巨大イヌマキ**に着くが、平成27年の台風で幹から折れ、無残な姿になっている。

分岐まで戻り、右折して下れば林道にある**上の登山口**に出て、左に歩けば**下の登山口**に着く。

ある。

■問合せ先
錦江町観光交流課☎0994・22・0511、鹿屋市吾平総合支所☎0994・58・7111

■2万5000分ノ1地形図
上名・半ヶ石

CHECK POINT

1

林道大根占吾平線にある下の登山口。登山コースの案内板があり、登山道は丸太階段で整備されている

2

八山岳と542メートルピークの鞍部に出たら、右の尾根を登っていく

3

登山道にある洞のある大木。洞の中に2人入れる

4

急な山道にはロープや丸太の手すりが設置され、家族連れでも無理なく登れる

5

平成27年8月の台風で倒壊した巨大イヌマキ（樹齢推定800年）

6

上の登山口。下の登山口まで徒歩10分。逆コースで山頂を目指してもよい

37 大尾岳

照葉樹の尾根から川の源流域を遡り、展望所を目指す

日帰り

うおだけ
941m

歩行時間＝3時間40分
歩行距離＝4・1km

技術度
体力度

コース定数	＝**13**
標高差	＝431m
累積標高差	↗ 511m ↘ 511m

甫与志岳山頂からの大尾岳（中央）。高山川支流の奥にどっしりとした姿を見せている

大尾岳は、大隅《おおすみ》半島の肝属《きもつき》郡肝《きも》付《つき》町と錦江《きんこう》町との境にあり、古い国土地理院発行の地形図には、大尾岳を八山岳《はっさんだけ》と誤記されていたが、現在は訂正されている。

大尾岳へは、錦江町の森林公園から平野《ひらの》林道を上がり、林道にある登山口から神《かみ》ノ川の沢沿いに登るコースもあるが、ここでは鹿屋《かのや》市吾平《あいら》町 麓《ふもと》地区から大川《おおかわ》林道を上がり、林道にある登山口から山頂に立つ。このコースは、なだらかな照葉樹林の尾根をたどり、後半は姶良《あいら》川支流の源流域を遡る格好の森林浴コースである。山頂は展望がないが、山頂の少し先に自然石展望所が2箇所あり、南大隅の山々、錦江湾と桜島《さくらじま》、薩摩《さつま》半島の山に高隈山《たかくまやま》や高千穂峰《たかちほのみね》など、それぞれ異なる方向を眺めることができる。

第1展望所からの肝属三山。右は甫与志岳、左端は黒尊岳、すぐ右の尖ったピークは国見山

大尾岳登山口から尾根に出て、渓谷を見下ろしながら進むと、徒渉点に達する。徒渉点は2箇所あり、**下流側**にはロープが設置してある。上流側は、花崗《かこう》岩を流れる沢をまたいで渡る。どちらも尾根

■**鉄道・バス**
登山に適した公共交通機関はない。

■**マイカー**
鹿屋市吾平町麓の神野地区にある永野牧バス停から右の小道に入り、大川林道を4・5㌔上がると、大尾岳登山口がある。林道は荒れた箇所があるので、最低地上高が確保された車がよい。

■**登山適期**
▽徒渉のある沢沿いを歩くので、増水時と梅雨時期は避けよう。ベストは新緑の5月。

■**アドバイス**
▽大川林道から、姶良川（神野渓谷）にかかる美しい滝を眺めることができる。（108㌻「中岳」を参照）
▽錦江町側の森林公園から平野林道を40分ほど歩くと、神ノ川沿いに大尾岳に登るコースの登山口がある。山頂まで約3時間。なお、登山口まで車で上がる場合は4WD車でないと無理。
▽温泉は肝付町新富に高山温泉ドーム（☎0994・31・5711）がある。

■**問合せ先**
肝付町産業創出課☎0994・65・2511、錦江町観光交流課☎0994・22・0511、鹿屋市吾平総合支所☎0994・58・7111

■**2万5000分ノ1地形図**
半ヶ石

姶良川源流域のなだらかな道

第1展望所からの雄大な眺め

に登ると合流する。急坂を登り終えると、なだらかな尾根道を進むようになる。

尾根を少し下ると沢の源流域に出合い、流れに沿って進む。苔むした岩や樹木が幽玄な雰囲気を漂わせ、**水と妖精の森**と書かれた立札がある。あたりにヒメシャラが点在するようになると水が途切れ、まもなく道標のある**三差路**に出る。

山頂へ向かって、岩混じりの道を登ると主稜線に出る。右に進むと、平坦な稜線上に**大尾岳**の山頂があり、山頂から南へ5分下れば、**第1展望所**と第2展望所がある。どちらも雄大な展望を楽しめる。

下山は往路を引き返す。

CHECK POINT

1

永野牧から大川林道を約4.5㌔上がった大尾岳登山口。「大隅半島緑の回廊」の大きな案内板がある

2

姶良川徒渉点は2箇所あり、下流側はロープが渡してある。少し上流でも徒渉可。ともに尾根で合流する

3

幽玄な雰囲気が漂う、姶良川の最上流部。「水と妖精の森」の立札がある

4

稜線の三差路。大尾岳山頂へは、「至高山林道」の道標のほうへ向かう

5

平坦な稜線上に2等三角点の大尾岳山頂がある。樹林に囲まれて展望はない

6

第2展望所から望む荒西山と後方は稲尾岳（左）。西側の展望もすばらしい

38

平家落人が名付けたと伝えられる山。天狗岩からの展望が魅力

荒西山

あらせやま
834m

日帰り

コース① 歩行時間＝4時間40分 歩行距離＝6・5km
コース② 歩行時間＝1時間50分 歩行距離＝3・1km

技術度
体力度

コース定数＝①**18**②**7**

標高差＝①510m②201m

累積標高差 ①↗680m ↘680m ②↗303m ↘303m

錦江町内ノ牧付近から眺める荒西山（中央）

荒西山は大隅《おおすみ》半島東南部の肝属《きもつき》郡錦江《きんこう》町と肝付《きもつき》町との町境にあり、照葉樹林に覆われた堂々たる山容が目をひく。山名の由来は、この地に隠れ住んだ平家落人が京都の嵐山《あらしやま》をしのんで名付けたと伝えられている。登山コースは2本あり、いずれも山頂近くにある天《てん》狗《ぐ》岩からのすばらしい展望が、この山の大きな魅力である。

荒西山の山頂が近くなるとヒメシャラが目立つようになる

神ノ川の変化に富んだ渓谷美を眺めながら進んでいく

コース①神ノ川コース

神《かみ》ノ川上流にある**森林公園**を出発し、頭山大橋を渡ると、左岸に**荒西山神ノ川コース登山口**がある。

神ノ川支流の左岸に沿って進むと、渓谷に真っ白い布を垂らしたような美しい滝が次々に現れる。炭焼き窯跡をすぎると沢が二俣に分れるが、そのまま進み、すぐ沢を**徒渉**する。しばらく小さな沢沿いに登ると、**平野《ひらの》林道**に出合う。

林道を横切り、急坂の尾根を登ると、傾斜のない広い尾根に変わる。稜線の**縦走路**に出たら右に進

■**鉄道・バス** 登山に適した公共交通機関はない。

■**マイカー** コース①＝鹿屋方面からの県道68号を錦江町半ヶ石で林道大根占吾平線（舗装路）に入り、森林公園（駐車場・トイレあり）へ。コース②＝国道448号を肝付町へ向かい、新田トンネル手前で右の小道へ。新田峠手前で左の林道新田荒西線に入ると、終点が荒西山登山口（駐車スペースはあるがトイレはない）。林道は以前は荒れていたが現在は改修され、乗用車でも走行できる。

■**登山適期** 通年登れるが、梅雨時期と真夏は避けよう。おすすめは新緑の5月、紅葉の11月初旬。

■**アドバイス** ▽電波塔への急なコンクリート坂は苔が生えてすべりやすいので、雨上がりの下りは要注意（コース②）。▽温泉は、錦江町半ヶ石近くに小平温泉（☎0994・29・0877）、同町神川にあるトロピカルガーデンかみかわ（☎0994・22・0318）は、露天風呂から錦江湾の眺めがよい。

■**問合せ先** 錦江町観光交流課☎0994・22・0511

■**2万5000分ノ1地形図** 半ヶ石

み、大岩をすぎると**天狗岩分岐**がある。右に進んで少し下れば**天狗岩**だ。美しい照葉樹に覆われた荒西山、六郎館岳《ろくろうかんだけ》や稲尾岳《いなおだけ》など、大隅半島南部の山々と、錦江湾越しの開聞岳《かいもんだけ》、桜島《さくらじま》や高隈山《たかくまやま》などの大パノラマが展開する。

天狗岩分岐まで戻り、ひと登りすると**荒西山**山頂に着く。東側の樹木の切り開きからは、岸良《きしら》の海岸と太平洋を望むことができる。帰りは往路を引き返す。

コース②電波塔コース

林道終点の**荒西山登山口**から急傾斜のコンクリート道を登ると、**電波塔**が建つ広場に出る。岸良海岸から六郎館岳、辻岳《つじだけ》などの展望がよい。**荒西山**山頂はここから10分。山頂から東に岸良方面が望まれるが、展望は天狗岩で楽しもう。山頂から北へ稜線を下れば、**天狗岩分岐**がある（以降**天狗岩**へは「コース①神ノ川コース」参照）。帰りは往路を引き返す。

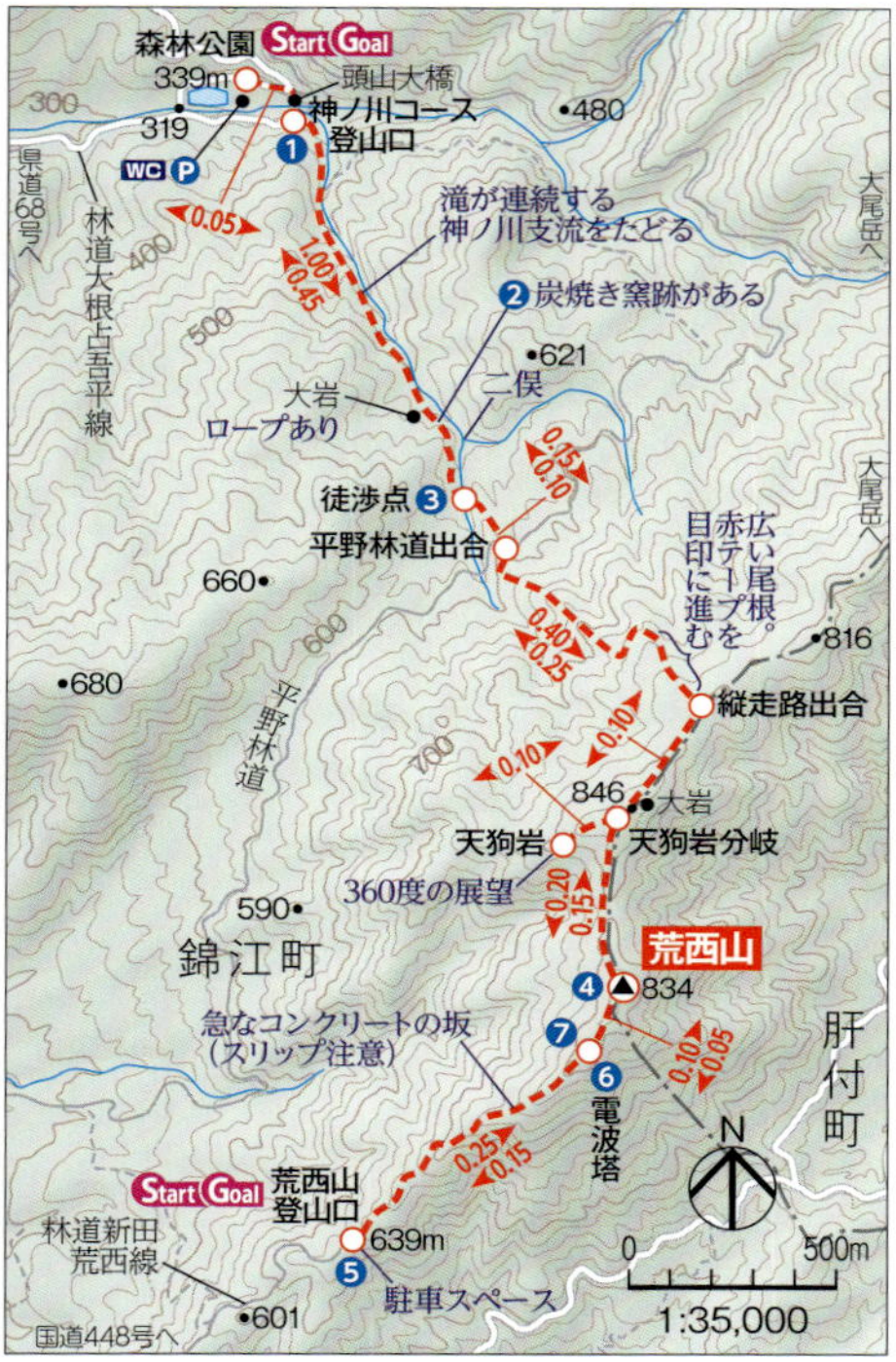

天狗岩から錦江湾と遠くに開聞岳を望む

CHECK POINT

コース①

神ノ川コース登山口。頭山大橋を渡った左岸にある

登山道沿いにある炭焼き窯跡

沢を徒渉し、小沢に沿いに登ると平野林道に出る

3等三角点がある荒西山山頂

CHECK POINT

コース②

林道終点にある電波塔コースの荒西山登山口。大きな案内板がある

荒西山山頂手前のピークにある電波塔。ここは絶好の展望所で、大隅南部の山々と太平洋の眺めがよい

電波塔の北側から荒西山の左に天狗岩が見える。山頂に登ったら天狗岩まで足をのばしてみよう

39

林道の登山口から隣接するふたつの山をピークハント

野首嶽・辻岳

のくびだけ　897m
つじだけ　773m

日帰り

Ⓐ野首嶽　歩行時間＝2時間30分　歩行距離＝4・5km　技術度　体力度
Ⓑ辻岳　歩行時間＝1時間25分　歩行距離＝3・7km　技術度　体力度

コース定数＝Ⓐ11 Ⓑ7

標高差＝Ⓐ443m Ⓑ231m

累積標高差　Ⓐ↗490m ↘490m　Ⓑ↗277m ↘277m

南大隅ウインドファームの風力発電施設展望所から望む野首嶽

南大隅町川北から雄川の上流に望む整った三角錘の辻岳（右奥は野首嶽）

野首嶽と辻岳は大隅《おおすみ》半島最南端・南《みなみ》大隅町の北寄りに位置し、ともに登山口が林道根占中央《ねじめちゅうおう》線沿いにあるので、車であれば容易に両峰を登ることができる。

野首嶽は、南西側の山麓から見ると、背を丸めた動物が錦江《きんこう》湾に首を出しているかのように見えることから、山名がついたという。

辻岳は、三角錐の山容が美しく、古くから地元・根占地区の象徴であり、「根占富士《ふじ》」と称し親しまれている。山頂は大隅半島の山で屈指の展望を誇り、また30分ほどで登れるので、家族連れハイキングにはぴったりの山である。

Ⓐ野首嶽　**野首嶽南登山口**からなだらかな尾根を登ると、樹間に辺《へ》田《た》海岸の白砂と錦江湾のブルーが目に入る。丸太階段の急坂と、なだらかな尾根の登りを数回くり返すと、草地の広場になった**野首嶽**山頂に着く。樹林に囲まれているが、南側の切り開きから、野尻野《のじんの》台地にある風力発電施設の風車群や南大隅の山々が望める。

下山は往路を引き返し、辻岳南登山口へ車で移動する。

Ⓑ辻岳　**辻岳南登山口**から明るい尾根を登る。後方の展望もよく、カヤを払った丸太階段を登ると、さらに視界が広がる。サタツツジとツゲが群生する尾根を登ると、東登山口からの**登山道が出合う**。

■**鉄道・バス**
登山に適した公共交通機関はない。

■**マイカー**
国道269号大浜信号からパノラマパーク西原台へ向かうと、林道根占中央線起点の案内板がある。林道を上がると、辻岳の北・東・南の各登山口、さらに進むと野首嶽の北・南登山口がある。駐車は林道拡幅部に可能。トイレはない。

■**登山適期**
真夏は避けよう。野首嶽のサタツツジは5月中旬、サザンカは11月、辻岳北登山口の桜並木は4月初旬が見ごろ。

■**アドバイス**
▽林道根占中央線沿いにあるパノラマパーク西原台は、錦江湾を眼下に、屋久島や硫黄島、開聞岳、桜島、高隈山など壮大な景観を一望できる。
▽野首嶽南側山麓にある風力発電施設展望所の丘に登れば、野尻野地区にある南大隅ウインドファームの風車群や野首嶽、開聞岳など、360度の展望を楽しめる。

■**問合せ先**
南大隅町観光課☎0994・24・3111

■**2万5000分ノ1地形図**
辺塚・大根占

辻岳のシンボルである山頂の巨岩を目指してサタツツジが群生する

CHECK POINT
Ⓐ野首嶽

林道根占中央線上の野首嶽南登山口。まずはコンクリート舗装の小道を上がる

▼

野首嶽山頂からは、野尻野台地の風車群や南大隅の山々を望むことができる

CHECK POINT
Ⓑ辻岳

林道根占中央線にある辻岳南登山口。カヤが切り払われた明るい登山道を登る

▼

辻岳北登山口コースにあるスダジイの巨木。周囲では豊かな植生が見られる

草地の広場に1等三角点がある野首嶽山頂

辻岳山頂の巨岩。下に馬頭観音を祀る鳥居がある

平坦な尾根道を進むと、広々とした草地の**辻岳**山頂に着く。眼下に錦江湾、かなたに開《かい》聞岳《もんだけ》、北には高隈山《たかくまやま》や桜島《さくらじま》、東に木場岳《こばだけ》など、360度の展望を楽しめる。

下山は、スダジイの巨木やアカガシ、ヤブツバキや大木の幹に着生したシダなど見ながら**北登山口**へ下り、**南登山口**へ林道を約30分歩いて戻る。

40

自然観察と森林浴を楽しむ西日本最大級の照葉樹の森

木場岳

こばだけ
891m

日帰り

歩行時間＝2時間15分
歩行距離＝3・4km

技術度
体力度

コース定数＝**8**

標高差＝174m

累積標高差 ↗275m ↘275m

南大隅町佐多辺塚への県道74号から望むなだらかな山容の木場岳

↑大竹野川の源流部（川の源）を横切る

→自然石展望台からの眺め

自然石展望台からの稲尾岳。左端が枯木岳、その右が稲尾神社のあるピーク

大隅《おおすみ》半島の南《みなみ》大隅町にある木場岳は、近隣の稲尾岳《いなおだけ》とともに、タブノキ、イスノキ、アカガシなどが原生の姿をとどめる西日本最大級の照葉樹林を有し、県の自然環境保全地域に指定されている。

登山道はよく整備され、登山口を1番に山頂の80番まで各ポイントに一連の番号を付し、道標には

■鉄道・バス
登山に適した公共交通機関はない。

■マイカー
肝属郡錦江町の県道563号、または南大隅町の県道68号から大鹿倉林道に入る。県道563号から4・7キロ、県道68号から2・8キロの地点が登山口。トイレはない。

■登山適期
通年登れるが、梅雨時期と真夏は避けたほうがよい。

■アドバイス
▽大鹿倉林道は荒れた箇所があるので、最低地上高が確保された車をすすめる。
▽大鹿倉林道にある水場のすぐ近くから山頂へ登る道があるが、整備されていない。
▽錦江町の花瀬自然公園は、オートキャンプ場、バンガロー村、レクレーション村の3タイプのキャンプ場があり、好みに合わせて利用できる。

花瀬自然公園にあるオートキャンプ場

▽温泉は錦江町神川にトロピカルガ

前後の地点までの距離を記してあるので、はじめての登山者も安心して行動できる。また登山道沿いの樹木に名札が付けてあり、自然観察と学習も楽しめる。山頂は樹林に囲まれ展望がないが、山頂直下にある自然石展望台から雄大な展望を楽しむことができる。

登山口へは県道563号辺塚根《へつかね》占《じめ》線、または県道68号鹿屋吾平佐《かのやあいらさ》多《た》線から大鹿倉《おおかぐら》林道に入と、大きな案内板がある**木場岳登山口**に着く。タブ、アカガシ、ヤブツバキ、サカキなどの樹木名札を見ながら、なだらかな自然林の中を進む。小さな沢を横切ると、「登山道入口約1000メートル・木場岳約1000メートル」の道標がある**中間地点**に達する。

再び小さな沢を横切り、森林浴を楽しみながら沢沿いに進む。沢の合流点をすぎ、尾根に出たら木段を登る。「木場岳500メートル」の道標を見て自然林の中を進むと**沢水（川の源）**の案内板があり、沢中の苔むした岩の間をわずかに水が流れている。

尾根に出て、山頂への木段を登ると、80番札の**木場岳**山頂に着く。3等三角点があるが樹林に囲まれているので、展望は5分ほど下った**自然石展望台**で楽しもう。稲尾岳方面や佐多岬の海岸などすばらしい展望が広がり、好天日であれば、種子《たねが》島と屋久《やく》島も望むことができる。

帰りは往路を引き返す。

ーデンかみかわ（☎0994・22・0318）がある。

■**問合せ先**
南大隅町観光課☎0994・24・3111、錦江町観光交流課☎0994・22・0511、花瀬自然公園（でんしろう館）☎0994・25・3838

■**2万5000分ノ1地形図**
辺塚

CHECK POINT

1 県道563号（辺塚根占線）の大鹿倉林道入口にある案内板。木場岳登山口はここから4.7キロ入る

2 照葉樹の森の大きな案内板がある木場岳登山口。ここから山頂まで約2キロ

3 登山口から1.5キロ地点。尾根を登って少し下ると、川の源に出る

4 川の源をすぎると、山頂への急な木段登りとなる

5 ひっそりした樹林の中の木場岳山頂。3等三角点とその案内板がある

6 太平洋を望む自然石展望台。三角形の山の左端に佐多辺塚の港が見える

41

稲尾岳

原生の姿をとどめる西日本最大規模の照葉樹林

日帰り

いなおだけ
959m（枯木岳）

歩行時間＝4時間45分
歩行距離＝9・1km

技術度

体力度

コース定数＝20	
標高差＝355m	
累積標高差	784m（登り） 784m（下り）

自然石展望台からの稲尾岳（稲尾神社のある山頂・右奥）と枯木岳（左）

稲尾岳ビジターセンター。照葉樹の森の情報提供や月例登山会などのイベントを開催している

稲尾岳は、最高峰の枯木岳《かれきだけ》や稲尾神社一帯の山の総称であるが、通称は稲尾神社のある標高930《メートル》を稲尾岳とよんでいる。西日本最大級の照葉樹林が残り、山頂部の377《ヘクタール》が天然記念物と自然環境保全地域に指定され、また広範囲な樹林帯が学術参考保護林や森林自然環境保護地域に指定されている。稲尾岳の魅力は、この貴重な自然環境とのふれあいにある。

登山口は、錦江《きんこう》町に稲尾岳登山道西口、盤山《ばんざん》登山口、稲尾岳登山道北口があり、南大隅《みなみおおすみ》町に打詰《うちづめ》登山口があるが、ここでは登山道西口から稲尾岳に登り、滝巡りコース経由で西口に戻る周回コースをとる。

稲尾岳ビジターセンターから林道を進むと、あずまやのある**稲尾岳登山道西口**に出る。すがすがしい沢伝いの道を、川の源まで進む。

なだらかな尾根に出ると、稲尾岳で唯一展望が開けた**自然石展望台**がある。枯木岳から稲尾岳のピークと美しい照葉樹林が視界いっぱいに広がり、好天日には太平洋のかなたに種子島《たねがしま》が望める。

展望のない**枯木岳**をすぎ、登山道北口からの道が出合う**三差路**に出る。稲尾神社に向かってなだらかな尾根を進むと、打詰登山口からのコースが出合い、すぐ**稲尾神社**に着く。樹林の中に小さな祠がひっそりと置かれている。

三差路に戻り、登山道北口へ向かう。小さな沢の清流水をすぎ、沢沿いに下ると、内之牧《うちのまき》林道上の**稲尾岳登山道北口**に出る。左に進み、滝巡りコースに入る。尾根登りの坂とよばれる急坂を登り、**照葉樹の滝**や白肌《しらはだ》の滝など4つの滝をめぐり、八丁《はっちょう》坂の急坂を登ると眺望《ちょうぼう》の丘《おか》に出る。

北面の田代《たしろ》方面の田園風景を楽しんだら**登山道西口**に下り、**稲尾岳ビジターセンター**に戻る。

自然石展望台。稲尾岳で唯一展望が得られる絶好の休憩ポイント

CHECK POINT

登山道西口にはあずまやと登山道の案内板がある。登山道北口へ下り、滝めぐりをしてここに戻ってくる

登山道西口から、小さな沢に沿った道や沢中を川の源まで進む。森林浴に最適なコースだ

2等三角点のある枯木岳山頂。稲尾岳の最高点だが、樹林の中でまったく展望がない

稲尾神社のある稲尾岳の山頂。古くは稲尾大権現とよばれていた

三差路から北口に向かって下ると、小滝から流れてくる清流水がある（飲用には不適）

登山道北口まで下り林道を左へ10分ほど歩けば、道標のある滝巡りコース入口に出る

「尾根登りの坂」の案内板。ここから高低差約80㍍、長さ約200㍍の急坂がはじまる

ふたつ目の照葉樹の滝。4つの滝の中では最も大きくて美しい。滝の中ほどを横切って進む

■**鉄道・バス** 登山に適した公共交通機関はない。

■**マイカー** 根占から佐多に抜ける県道563号の峠から花瀬林道に入ると、終点の稲尾岳ビジターセンター手前に登山道西口入口がある。駐車場はビジターセンターを利用する（トイレあり）。

■**登山適期** 梅雨時期と真夏は避けよう。新緑の5月、秋から春先までがよい。

■**アドバイス** ▽稲尾岳ビジターセンターは、照葉樹の森の自然や生き物などを展示し、学習できる施設（入館無料・年末休）。登山前に立ち寄ってみよう。

▽南大隅町打詰から稲尾神社へ登る打詰コースは、神社まで約2時間30分を要す。

▽温泉は、錦江町神川にトロピカルガーデンかみかわ（☎0994・22・0318）がある。

■**問合せ先** 南大隅町観光課☎0994・24・3111、肝付町産業創出課☎0994・65・2511、錦江町観光交流課☎0994・22・0511、鹿児島県照葉樹の森管理事務所（稲尾岳ビジターセンター）☎080・6417・6518

■**2万5000分ノ1地形図** 稲尾岳・辺塚

42

低山だが魅力充分、海岸から本土最南端の山を縦走

摺ヶ丘

ずいがお
273m

日帰り

歩行時間＝2時間50分
歩行距離＝4・3km

技術度

体力度

コース定数＝11

標高差＝268m

累積標高差 423m 423m

大泊集落の背後にそびえる摺ヶ丘。照葉樹に覆われた緑が美しい

↑登山口にある内神神社。尾根の末端にあり、神社の左から尾根に取り付く

←山頂から見下ろす大泊集落と大泊港

九州本土最南端・佐多《さた》岬への玄関口である南大隅《みなみおおすみ》町大泊《おおどまり》集落の背後にある摺ヶ丘は、標高こそ300メートルに満たないが、海岸からスタートし、急登もあるので物足りなさを感じることはない。尾根には亜熱帯系の植生が見られ、山頂は南方の太平洋を一望する視界のよさから、太平洋戦争時は機関砲陣地が築かれ、今も当時の石積みや兵舎跡の柱穴が残っている。

摺ヶ丘の登山口は、南西麓の大泊集落と東隣の外之浦《とのうら》集落にあり、そこから山頂往復してもよいが、ここでは外之浦登山口から摺ヶ丘を経て大泊へ下る縦走コースを紹介する。

外之浦港に着いて山手を見ると、赤い鳥居が目に付く。集落の内神《うちがみ》神社だ。外之浦コミュニティーセンターから大泊側へ40メートルほど戻り、ブロック塀のある坂道を上がると**外之浦コース登山口**がある内神神社に着く。

■鉄道・バス
往路・復路＝垂水港や鹿屋から鹿児島交通バス大泊行きのバス便があるが、登山には使いづらい。

■マイカー
鹿屋方面から佐多岬へ向かって国道269号を海岸線沿いに南下して南大隅町へ。佐多岬入口の大泊を通過すれば外之浦港に着く。港に駐車できるが、トイレはない。

■登山適期
通年登れるが、梅雨時期と真夏は避けたほうがよい。

■アドバイス
▽外之浦（北）登山口からは展望のない谷間を登る通るコースで、おすすめできない。ただし下りにとれば、県道に出て5分で外之浦コース登山口へ戻ることができる。
▽大泊から佐多岬への県道566号（旧佐多岬ロードパーク）は無料。
▽大泊にある佐多岬ふれあいセンター・ホテル佐多岬（☎0994・27・3121）は立ち寄り入浴可。

■問合せ先
南大隅町観光課☎0994・24・3111、垂水フェリー鴨池営業所☎099・256・1761、鹿児島交通鹿屋営業所（バス）☎0994・65・2258

■2万5000分ノ1地形図
佐多岬

神社から急登ではじまるが、すぐなだらかな尾根になり、振り返ると樹間に外之浦港と太平洋が見える。尾根が急坂に変わり、小コブまで登ると、再びなだらかな尾根となり、小さな登り下りをくり返す。樹間に摺ヶ丘のピークが見えると、まもなく**外之浦（北）登山道が出合う**。

ここから標高差約150㍍の急坂を登ると**主稜線**に出て、左へ進めば**摺ヶ丘**山頂に着く。前方に太平洋の海原が広がり、眼下に大泊港と集落の民家、佐多岬へ続く山稜、やや左に外之浦集落と東側にリアス海岸、西方には薩摩《さつま》半島と開聞岳《かいもんだけ》、また北東には木場岳《こばだけ》や稲尾岳《いなおだけ》など雄大な展望が広がる。

帰りは大泊コースを下る。山頂直下は急な下りだが、ロープが設置されている。下り終え、**図根三角点**をすぎたら右に下り、なだらかな尾根を**大泊コース登山口**へと下る。

小川の板橋を渡り、消火栓のある県道（**大泊コース登山口入口**）に出たら、**外之浦港**までおよそ25分歩いて戻る。

CHECK POINT

1 登山口のある内神神社へは石垣が目印。石垣の上の小道を上がれば神社に出る

2 自然林のすっきりとした尾根筋を稜線へ向けて登っていく

3 2等三角点のある摺ヶ丘山頂。本土最南端・佐多岬への海岸線と太平洋の眺めがすばらしい

4 山頂には、太平洋戦争時に築かれた機関砲陣地の石積みが残されている

5 山頂から図根三角点への下りは、ロープのある急坂が続く

6 ビロウが自生している尾根を大泊登山口へ下る

外之浦集落からの摺ヶ丘（中央）

43 遠目木山・嶺の山

恐竜化石の島・甑島の山を日帰りで縦走

日帰り

歩行時間＝3時間40分
歩行距離＝8・9km

技術度 ■□□□□
体力度 ■□□□□

とおめきやま 423m
みねのやま 383m

コース定数	＝16
標高差	＝422m
累積標高差	↗604m ↘604m

里港沖からの嶺の山（左）と遠目木山（左から3つ目のピーク）

牟礼山権現社。石祠には安政4年の刻みがある

絶景が広がる遠目木山山頂。好天日は霧島も望むことができる

遠目木山と嶺の山は、薩摩川内《さつませんだい》市の西方海上約30キロ、東《ひがし》シナ海《かい》に浮かぶ上甑《かみこしき》島の里《さと》町にあり、川内港から高速船を利用すれば、鹿児島市から日帰り登山ができる。

甑島列島は、上甑・中《なか》甑・下《しも》甑の有人3島と多数の小さな無人島からなり、約8千万年前の白亜紀の地層が残る。平成27年には多様な海岸景観をはじめ、植物や海中のすぐれた景観などが評価され、甑島国定公園に指定された。また恐竜化石が相次いで発見され、恐竜化石の島としても知られている。

遠目木山は、地元の小・中学校の校歌に歌われ、小学校では例年行事として、父兄とともに卒業記念登山が行われ、山頂には生徒の名前を刻んだ登山記念のプレートがいくつも設置されている。

里港から車道を約3キロ歩くと**遠目木山登山口**に着く。急斜面をジグザグに登りながら高度を稼ぎ、ひと汗かく頃、**遠目木山**山頂に着く。山頂は平らな草地で、まんなかに植樹された桜がある。視界いっぱいに東シナ海が広がり、眼下にトンボロ地形（陸繋砂州）に建ち並ぶ里町の家々、観光名所・なまこ池と長目《ながめ》の浜《はま》、中甑島との海峡にかかる甑大明神《だいみょうじん》橋、遠く海を隔てて紫尾山《しびさん》も確認できる。

山頂をあとに嶺の山へ向かう。縦走路の**中間点にあるピーク**は展望がない。コルからゆるやかな尾根を登ると、石祠のある**牟礼山権《むれやまごん》現社《げんしゃ》**（権現堂）に着く。ここは南方に展望があり、断崖の海岸線と東シナ海が美しい。嶺の山の山頂は祠から15メートルほど先に三角点があ

■**鉄道・船・バス**
川内港（九州新幹線・JR鹿児島本線川内駅から川内港シャトルバス約30分）から甑島商船の高速船で里港へ。甑ふれあいバスに乗車して須口三差路で下車した場合、遠目木山登山口まで徒歩約25分。里港へは串木野新港からの甑島商船のフェリー（ニューこしき）もある。

■**マイカー**
南九州道薩摩川内水引ICから国道3号を阿久根方面に向かい、港入口の

(上)川内港を出港し、里港に入港する高速船甑島。50分で到着する
(下)須口三差路付近から望む照葉樹に覆われた遠目木山(左のピーク)

CHECK POINT

1 遠目木山登山口。里港から約3キロ歩く。甑ふれあいバスを須口三差路まで利用するか、タクシーも利用可

2 遠目木山山頂からの長目の浜。大小3つの池と海を隔てる砂州が長さ4キロにもおよぶ甑島屈指の景勝地

3 牟礼山権現社から15メートルほど進むと、縦走路に4等三角点の嶺の山山頂がある

4 嶺の山から下る途中、昔雨乞いの儀式が行われたという、雨タモレの段がある

5 林道嶺線に下山すると、牟礼山権現社・雨タモレの段入口の道標が立っている

6 里港へ戻る途中、武家屋敷通りを抜ける。丸石を丹念に積み上げげた石垣が美しい

るが、展望は得られない。数個の石が置かれた雨《あめ》タモレの段《だん》から急坂をジグザグに下ると、牟礼山権現社・雨タモレの段入口の道標がある**林道**に出る。**里港**までは約2・5キロ歩く。

信号を左折すれば川内港に出る。

■**登山適期**
おすすめは、カノコユリの咲く7月中旬から8月初旬。

島内の各所で見られるカノコユリ。薩摩川内市の花に指定されている

■**アドバイス**
▽登山口までタクシーを利用できるが、中甑に1社・1台しかない。レンタカーは里と中甑で4社ある。
▽高速船は要予約。冬場は海が荒れて欠航することもある。
▽車を渡すなら、串木野新港から里港へのフェリーを利用する。ただし午後の里港発の便がないため、日帰り登山はできない。

■**問合せ先**
薩摩川内市観光・シティセールス課☎0996・23・5111、薩摩川内市里支所☎09969・3・2311、川内港シャトルバス☎0996・23・8400（南国交通）、甑島商船川内営業所☎0996・41・5100、甑ふれあいバス☎09969・2・0400（南国交通）、五色タクシー（上甑町中甑）☎09969・2・0039

■**2万5000分ノ1地形図**
里

44

櫓岳

やぐらだけ
620m

「ミニ屋久島」の異名をもつ黒島の自然豊かな山を縦走

日帰り

歩行時間＝5時間40分
歩行距離＝15・4㎞

技術度 ■□□□□
体力度 ■□□□□

コース定数＝**23**

標高差＝558m

累積標高差 ↗887m ↘887m

大里沖から眺める黒島の山々。中央の奥のピークが櫓岳

櫓岳は、薩摩《さつま》半島南端・枕崎《まくらざき》市の南西海上約55㌔に位置する、鹿児島郡三島《みしま》村・黒《くろ》島の最高峰である。島の周囲は15・2㌔、東岸に大里《おおさと》集落、西岸に片泊《かたどまり》集落があるほかは、森林と竹林に覆われ、山麓のなだらかな斜面の大半は牛の放牧場が占める。島の中央部は、500㍍級の山々が連なり、断崖の海岸から山頂までの特異な植物相は、「薩摩黒島の森林植物群落」の名称で国の天然記念物に指定されている。

↑村花のマルバサツキ。カブリ岳や横岳山に多く見られる

←カブリ岳の山頂岩峰。照葉樹林の先に東シナ海が広がる

櫓岳へは、大里下山口から登れば早いが、ここでは片泊登山口からカブリ岳《だけ》に登り、ガムコ山《やま》、横《よこ》岳山《だけやま》を経て櫓岳山頂に立つ、自然豊かな縦走コースを紹介する。

片泊ふれあいセンター近くの民宿を出発し、県道を15分ほど進み、右から出合う村道を上がると、**きよはる公園**がある。さらに村道を上がり、2箇所ある分岐を左に進むと林道中里《なかさと》線に入る。林道はカブリ岳を南面から右回りに巻くようになり、北面まで回りこむと、案内板のある**片泊登山口**に着く。ハランが群生する登山道を**稜線**

■鉄道・船・バス
往路・復路＝鹿児島本港から三島村営定期船（フェリーみしま・1日1便）で黒島・片泊港（約6時間）へ。船の出入港日と時刻は、三島村のホームページ参照。夏～秋は台風情報にも注意。

■マイカー
鹿児島港からフェリーみしまで車ごと黒島へ渡る。片泊登山口への村道、林道は舗装されている。

■登山適期
真夏は避けよう。ベストは、マルバサツキが咲く5月中旬から下旬。

■アドバイス
▽櫓岳登山は鹿児島から2泊3日を要す。1日目＝移動（民宿泊）、2日目＝登山（民宿泊）、3日目＝移動。
▽民宿は片泊に3軒、大里に2軒ある。民宿予約の際、登山口への送迎をお願いしてみるとよい。
▽片泊の民宿・えいしん丸（☎090・6775・9231）は車の貸し出しあり（1台のみ・1日6000円、要予約）。片泊と大里にレンタル電動自転車があり、登山口まで利用できる（各4台・1回500円。予約は、片泊青年会☎090・3477・7892、大里青年会☎090・7909・8644）。
▽島内にキャンプ場、公衆トイレ、売店、タクシー・レンタカーはない。
▽島内に毒蛇は生息していない。

出合まで登り、右に進むとカブリ岳山頂に着く。高さ50メートル《ﾒｰﾄﾙ》ほどの絶壁になった岩峰の山頂は高度感満点で、展望もすばらしい。

稜線出合に戻り、ガムコ山に向かう。**ガムコ山**は平坦な稜線上にあるが、横岳山と櫓岳の眺めがよい。平坦な稜線を進み、急坂を登ると**横岳山**山頂に着く。東に櫓岳、西にガムコ山とカブリ岳、東《ひがし》シナ海《かい》も望まれ、山頂には村花のマルバサツキが多い。

鞍部《あんぶ》に下り、あずまやをすぎると、まもなく大里下山口、櫓岳、横岳山との**分岐三差路**に出る。小さな沢を横切って、急坂をひと息登ると**櫓岳**山頂だ。やぶが茂って展望が悪くなっているが、東シナ海に浮かぶ竹《たけ》島、硫黄《いおう》島、好天日は種子《たねが》島や開聞岳《かいもんだけ》も望まれる。

分岐三差路に戻り**大里下山口**に下ったら、林道中里線を**片泊登山口**へ歩き、往路を引き返す。

■**問合せ先**
三島村船舶課（村営定期船、観光）☎099・222・3141、三島村片泊出張所☎09913・3・2242、三島村大里出張所☎09913・3・2241

■**2万5000分ノ1地形図**
薩摩黒島

CHECK POINT

1 きよはる公園からは、眼下に片泊港とあざやかなブルーの東シナ海を眺めることができる

2 島全体のイラスト図がある片泊登山口。ここから階段で整備された山道を登る

3 登山道沿いに群生しているハラン。片泊登山口から稜線出合までが多い

4 横岳山から望む、照葉樹に覆われたガムコ山（左）からカブリ岳への山稜

5 大里下山口と櫓岳、横岳山への道標がある分岐三差路から櫓岳へ向かう

6 1等三角点がある櫓岳山頂。やぶが茂って展望が悪くなっている

45 黒味岳

巨岩の山頂から展望を満喫、登山口に最も近い奥岳

くろみだけ
1831m

日帰り

歩行時間＝5時間40分
歩行距離＝9・1km

技術度

体力度

コース定数＝21	
標高差＝471m	
累積標高差	↗789m ↘789m

日本庭園風の花之江河湿原の借景となる黒味岳

ヤクシカ（花之江河）

←黒味岳の山頂が近づくと、山頂の巨岩に立つ登山者の姿が見えてくる

黒味岳は、九州最高峰の宮之浦《みやのうら》岳《だけ》、第2峰の永田岳《ながただけ》とともに「屋《や》久《く》島三山」とよばれる奥岳（麓から見えない山）だが、登山口から最も近い位置にあるので、比較的に楽に「洋上アルプス」といわれる雄大な山岳景観を満喫できる。

屋久島は、およそ千4百万年前に花崗岩が海中から上がってきて今の姿を現したといわれ、山頂に大きな岩が鎮座しているピークが多いが、黒味岳の山頂の岩は格別に大きい。登山者なら誰もが、あの巨岩の山頂に立ってみたいという思いに駆られるだろう。

早朝、車で淀川《よどごう》登山口へ向かう。登山口の約2キロ手前に紀元杉《きげんすぎ》があり、杉を一周する遊歩道が設けられている。

淀川登山口は標高1360メートル、

■鉄道・船・バス

往路・復路＝鹿児島本港から種子屋久高速船または折田汽船の旅客船（フェリー屋久島2）で安房港へ。安房港または安房から種子島・屋久島交通バスで紀元杉へ。帰りの最終便は15時前に発つので時間的に利用できず、タクシー利用となる（その場合は淀川登山口から乗車できる）。バスは冬期には運休となる。

■マイカー

自家用車の場合は先述の折田汽船・フェリー屋久島2で宮之浦港へ航送し、県道77・592号、安房林道で淀川登山口まで上がる。レンタカーは宮之浦と屋久島空港、安房のいずれかから淀川登山口へ。

■登山適期

真冬を除けば通年登れる。ヤクシマシャクナゲの見ごろは、5月下旬から6月初旬。

■アドバイス

▽タクシー、レンタカーは淀川登山口まで利用できる。

▽登山の際、山岳部環境整備推進協力金への協力（日帰り千円、山中宿泊2千円）が必要。支払いは淀川登山口で行なう（事前振込みも受け付けている）。詳細は屋久島町環境政策課（☎0997・42・0100）へ。

■問合せ先

屋久島町商工観光課☎0997・43・5900（淀川小屋も）、屋久島観

樹齢3千年ともいわれる紀元杉

小花之江河湿原の木道を歩く

ここから淀川小屋を目指す。急坂こそないが、木の根が露出した歩きづらい道をたどること約45分で**淀川小屋**に着く。

すぐ淀川の清流にかかる橋を渡ると、急坂の登りがはじまる。尾根の傾斜がゆるむと、左に高盤岳《こうばんだけ》展望所があり、山頂に巨大な奇岩の豆腐《とうふ》岩が望まれる。

木道が設置された**小花之江河**《こはなのえごう》の湿原を通過すると、まもなく**花之江河**の湿原に着く。一帯の湿原は木道で保護され、背後の黒味岳を借景にした純日本式庭園風の美しい景観は、時の経つのを忘れそうになる。運がよければ、湿原で遊ぶヤクシカを見ることができる。

黒味岳分岐を左折して樹林の急坂を登ると展望が開け、黒味岳山頂の真っ白い巨岩に立つ登山者の姿も見える。

巨岩を左から回りこみ、**黒味岳**山頂に立つと、宮之浦岳を中心にして、永田岳や大岩壁の七五岳《しちごだけ》、遠くに愛子岳《あいこだけ》のピーク、眼下には、花之江河湿原と箱庭のように見える投石平《なげしだいら》など、屋久島独特の山岳景観を満喫できる。

下山は往路を引き返す。

光協会☎0997・49・4010、種子屋久高速船予約センター☎099・226・0128、折田汽船（フェリー屋久島2）☎099・226・0731、種子島・屋久島交通屋久島支社（バス）☎0997・46・2221、島内のタクシー、レンタカー会社は134ページ「宮之浦岳・永田岳」を参照。

■2万5000分ノ1地形図
宮之浦岳・栗生・尾之間

CHECK POINT

1 安房林道終点にある淀川登山口。駐車スペース、トイレがある。タクシーもここまで入ってくれる

2 淀川小屋まで木の根が露出した歩きづらい登山道が続く

3 通年開放されている淀川小屋（無人・40人収容）。ここに泊まれば、翌日は余裕のある行動ができる

4 高盤岳展望所から望む、高盤岳山頂の奇岩・豆腐岩

5 黒味岳分岐からしばらく登ると展望が開けて、黒味岳山頂の巨岩が見えてくる

6 黒味岳山頂から望む永田岳（左）と宮之浦岳（中央）、翁岳（右）

＊コース図は132・133ページを参照。

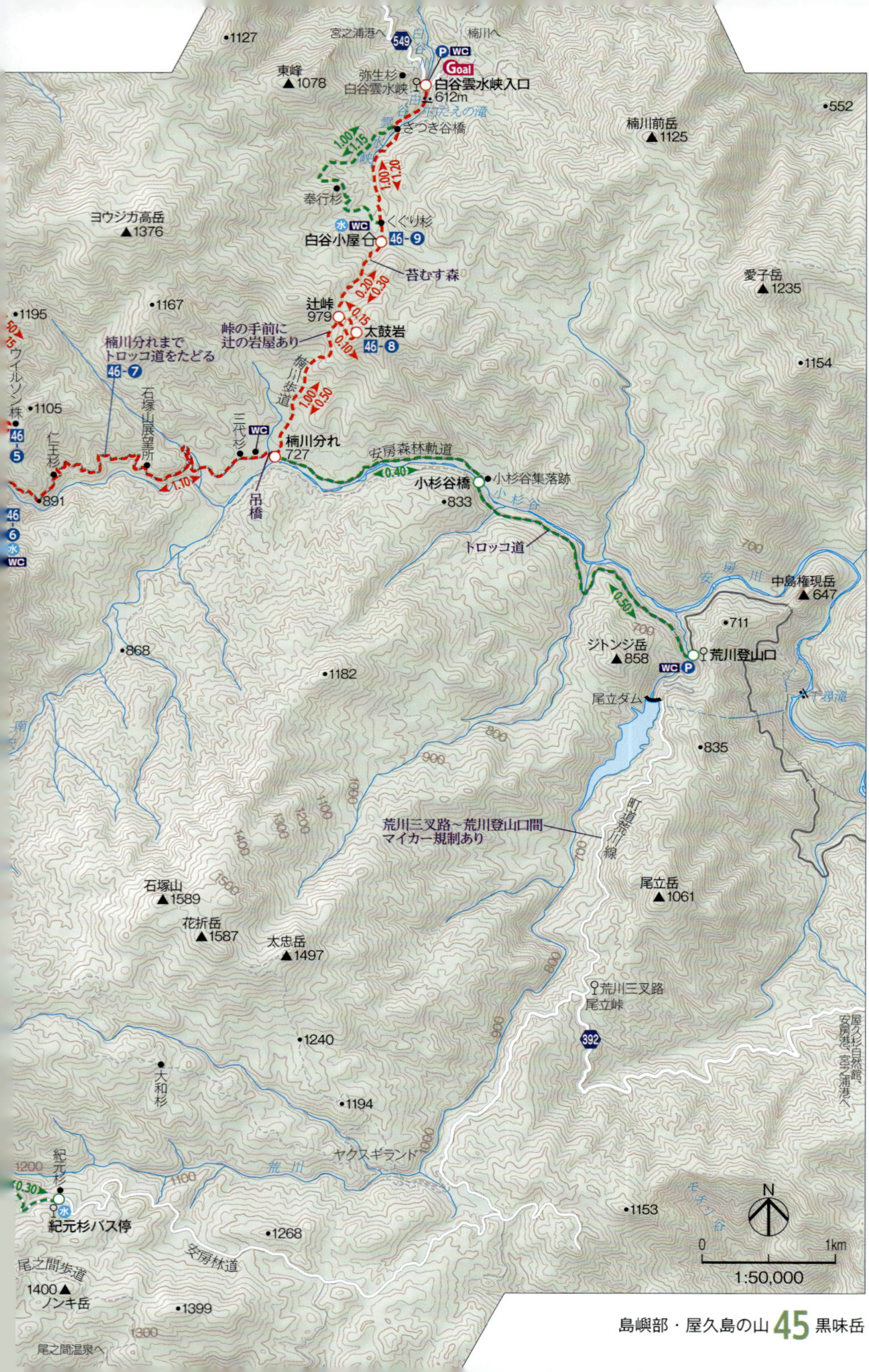
宮之浦港へ
楠川へ
Goal
白谷雲水峡入口
612m
弥生杉
白谷雲水峡
東峰
1078
1127
白谷川
さつき谷橋
しらたえの滝
楠川前岳
1125
552
奉行杉
くぐり杉
白谷小屋
46-9
苔むす森
ヨウジカ高岳
1376
愛子岳
1235
辻峠
979
太鼓岩
46-8
峠の手前に
辻の岩屋あり
1167
1195
楠川分れまで
トロッコ道をたどる
46-7
1154
ウイルソン株
1105
石塚山展望所
仁王杉
三代杉
楠川分れ
727
楠川歩道
安房森林軌道
小杉谷橋
小杉谷集落跡
833
吊橋
891
トロッコ道
小杉谷
安房川
中島権現岳
647
711
ジトンジ岳
858
荒川登山口
尾立ダム
千尋滝
868
1182
835
荒川三叉路～荒川登山口間
マイカー規制あり
町道荒川線
石塚山
1589
花折岳
1587
太忠岳
1497
尾立岳
1061
荒川三叉路
尾立峠
392
1240
大和杉
1194
屋久杉自然館、安房港、宮之浦港へ
紀元杉
ヤクスギランド
荒川
紀元杉バス停
1153
1268
安房林道
尾之間歩道
1400
ノンキ岳
1399
尾之間温泉へ
モチャン谷
N
0
1km
1:50,000

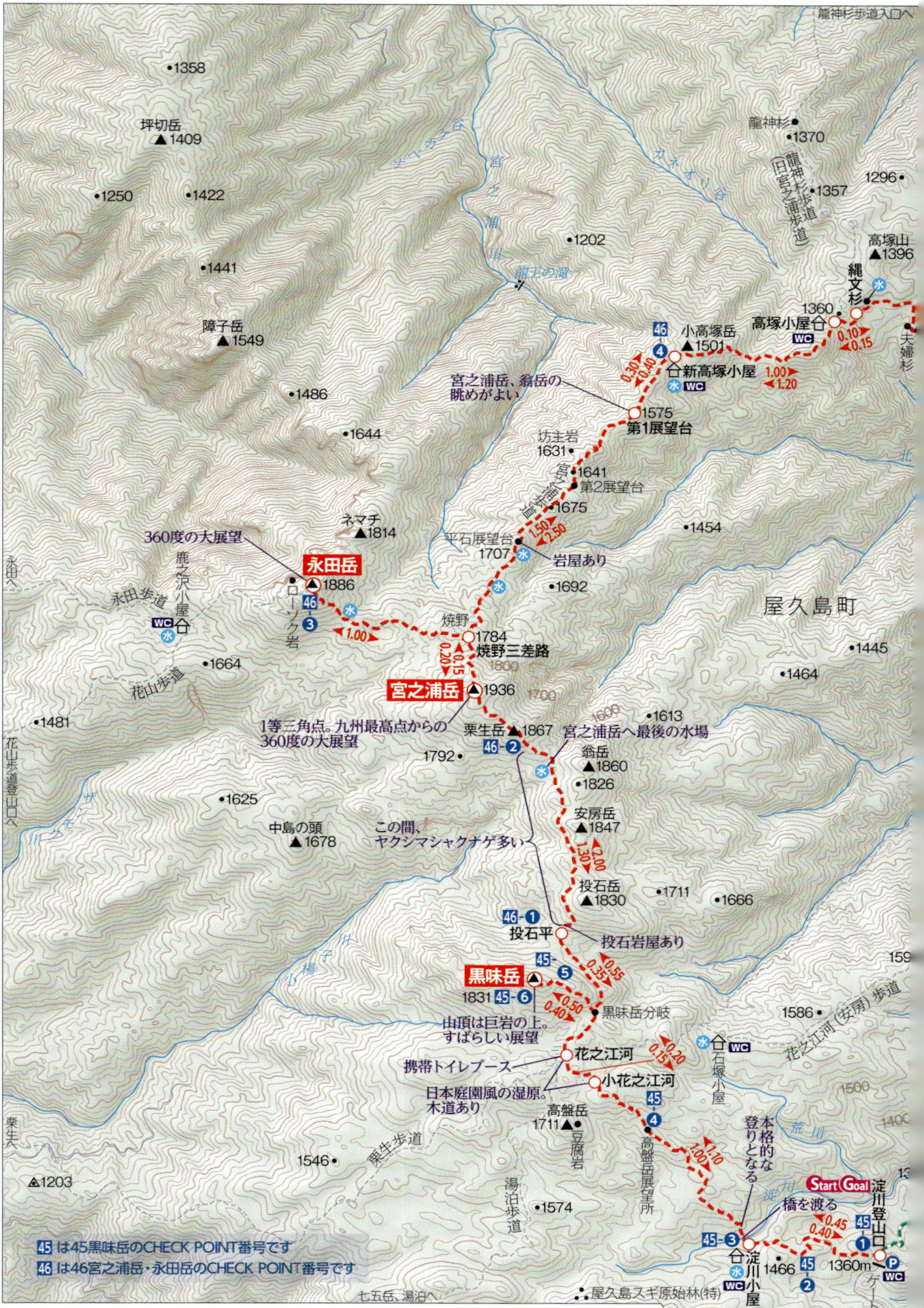
龍神杉歩道入口へ
坪切岳 1409
1358
1250
1422
1441
障子岳 1549
1486
1644
ネマチ 1814
1202
龍王の滝
宮之浦川
龍神杉
1370
龍神杉歩道（旧宮之浦歩道）
1357
1296
高塚山 1396
縄文杉
1360
高塚小屋
夫婦杉
0.10
0.15
46
4
小高塚岳 1501
新高塚小屋
1.00
1.20
0.30
0.40
宮之浦岳、翁岳の眺めがよい
1575
第1展望台
坊主岩 1631
1641
第2展望台
宮之浦歩道
1675
1.50
2.50
平石展望台 1707
岩屋あり
1454
1692
360度の大展望
永田岳 1886
46
3
ローソク岩
鹿之沢小屋
永田歩道
1.00
焼野
1784
焼野三差路
0.15
0.20
屋久島町
1445
1464
1664
花山歩道
宮之浦岳 1936
1等三角点。九州最高点からの360度の大展望
1613
1481
栗生岳 1867
46
2
宮之浦岳へ最後の水場
1792
翁岳 1860
1826
花山歩道登山口へ
1625
中島の頭 1678
この間、ヤクシマシャクナゲ多い
安房岳 1847
1.30
2.00
投石岳 1830
1711
1666
46
1
投石平
投石岩屋あり
0.55
0.35
45
5
黒味岳
1831
45
6
0.50
0.40
黒味岳分岐
山頂は巨岩の上。すばらしい展望
1586
花之江河（安房）歩道
石塚小屋
花之江河
0.20
0.15
携帯トイレブース
小花之江河
日本庭園風の湿原。木道あり
高盤岳 1711
豆腐岩
45
4
高盤岳展望所
1.10
1.00
本格的な登りとなる
栗生歩道
1546
1203
湯泊歩道
1574
淀川
Start
Goal
淀川登山口
橋を渡る
0.45
0.40
45
1
45
3
淀川小屋
1466
45
2
1360m
ゲート
45 は45黒味岳のCHECK POINT番号です
46 は46宮之浦岳・永田岳のCHECK POINT番号です
七五岳、湯泊へ
屋久島スギ原始林(特)

↑九州最高峰の宮之浦岳山頂。360度の展望で、屋久島のほとんどの山々を望むことができる。後方のピークは愛子岳

→巨岩が鎮座する永田岳山頂直下のヤクザサに刻まれた登山道を登る

46

九州最高峰と次鋒に立ち、世界自然遺産を体感する縦走コース

宮之浦岳・永田岳

みやのうらだけ 1936m
ながただけ 1886m

二泊三日

第1日 歩行時間＝45分 歩行距離＝1・2km
第2日 歩行時間＝9時間 歩行距離＝11・4km
第3日 歩行時間＝6時間55分 歩行距離＝11・8km

技術度
体力度

コース定数＝57

標高差＝1324m

累積標高差 ↗1862m ↘2618m

「洋上アルプス」とよばれる屋久《やく》島は、九州の山岳標高のベスト5を占める。最高峰の宮之浦岳と第2峰の永田岳を登り、屋久島のシンボル・縄文《じょうもん》杉や大王《だいおう》杉など巨大な杉をめぐるコースは、縦走の醍醐味と世界自然遺産に登録された屋久島の自然をたっぷり体感する人気のコースだ。とくにヤクシマシャクナゲの開花時の奥岳一帯は、天空の花園となる。また縦走路の各所で、ヤクシカやヤクザルに出会える楽しみもある。これら奥岳へは、麓の集落からその昔に岳参りで登られた歩道があるが、一般向きではない。

ここでは、屋久島登山で最も人気のある縦走コースを、山小屋を利用して2泊3日で歩いてみよう。

■鉄道・船・バス

往路＝紀元杉または淀川登山口へは130㌻「黒味岳」の項を参照。

復路＝白谷雲水峡から種子島・屋久島交通バス、まつばんだ交通バスで宮之浦港へ。宮之浦港からは種子屋久高速船か折田汽船の旅客船（フェリー屋久島2）で鹿児島本港へ。

■マイカー

淀川登山口へは130㌻「黒味岳」の項を参照。マイカーやレンタカーの場合は、宮之浦岳と永田岳の山頂に立ち、往路を戻ることになる。

■登山適期

130㌻「黒味岳」の項を参照。

■アドバイス

▽ヤクシマシャクナゲの開花時期やゴールデンウイーク、夏休み期間中は山小屋が満員になることがある。テントは必携。なお、小屋周辺以外での幕営は禁止されている。

▽山中の山小屋にはトイレがあるが、自然環境保護などのためにも、携帯トイレの利用をお願いしたい（トイレは観光案内所やレンタカー店、ホテルなどで入手できる）。

▽大雨・増水時は白谷川の徒渉を避けて、楠川分れから荒川登山口へ下るほうが安全だ（約2時間20分）。荒川登山口からは屋久杉自然館への種子島・屋久島交通バスが運行している（冬期運休）。

▽高塚小屋泊での水場は、縄文杉ま

ヤクシマシャクナゲが咲く翁岳への登山道から望む宮之浦岳

第1日　**淀川登山口**《よどごう》から**淀川小屋**までは、130ページ「黒味岳《くろみだけ》」の項を参照のこと。

第2日　淀川小屋から黒味岳分岐までは、130ページ「黒味岳」の項を参照のこと。

黒味岳分岐をすぎ、黒《くろ》滝の岩場を登るとまもなく**投石平**《なげしだいら》に着く。ここから眺める黒味岳はひときわ美しい。

投石岩屋《いわや》を覗いて、徐々に高度を上げながら木道を進む。投石岳《だけ》、安房岳《あんぼうだけ》、翁岳《おきなだけ》はいずれも西側の山腹を巻き、白骨化した杉、奇岩や巨岩など、屋久島独特の景観を楽しむ。巨岩の栗生岳《くりおだけ》まで登ると、九州の最高峰は目前にある。

宮之浦岳山頂で雄大な展望を堪能したら**焼野**《やけの》**三差路**へ下り、永田岳を往復する。ヤクザサの切り開きを登り下りし、山頂直下の太いロープをつかんでよじ登れば**永田岳**山頂に着く。展望はこちらも360度、正面に宮之浦岳、背に障《しょう》子岳《じだけ》の岩壁、眼下に永田集落と太平洋を望むこともできる。

焼野三差路から高塚《たかつか》尾根の下りで約10分下る。

▽冬の奥岳は、多量の積雪があり、日本アルプスに匹敵する厳しい条件となることがある。完全な冬山装備のうえ、経験者と入山すること。

▽往路の紀元杉行きバスは12〜2月は運休、積雪でマイカーの通行も規制されることがあり、当該自治体などに道路情報を確認すること。

▽登山の際、山岳部環境整備推進協力金への協力（日帰り千円、山中宿泊2千円）が必要（130ページ「黒味岳」の項を参照）。

▽温泉は楠川地区に楠川温泉（☎0997・42・1166）がある。

■問合せ先

屋久島町商工観光課☎0997・43・5900（淀川小屋、新高塚小屋、高塚小屋、白谷小屋も）、屋久島観光協会☎0997・49・4010、種子屋久高速船予約センター☎099・226・0128、折田汽船（フェリー屋久島2）☎099・226・0731、種子島・屋久島交通屋久島支社（バス）☎0997・46・2221、まつばんだ交通バス・タクシー・レンタカー☎0997・43・5000、屋久島交通タクシー☎0997・42・0611（宮之浦）、☎0997・46・2321（安房）

■2万5000分ノ1地形図

宮之浦岳・栗生・尾之間・永田岳

＊コース図は132・133ページを参照。

鋸歯状のような山頂部が連なる永田岳（宮之浦岳から）

屋久島のシンボル縄文杉。樹高約25メートル、胸高約16メートル、樹齢7千年超ともいわれる

は、雄大な景観を楽しみながらの稜線漫歩となる。平石《ひらいし》展望台、第2展望台と**第1展望台**でひと息入れ、ぐんぐん下ると宿泊地となる**新高塚小屋**に着く。

第3日　この日は早朝に出発しよう。約1時間で**高塚小屋**に着き、小屋から約10分で縄文杉展望台に着く。荒川《あらかわ》からの登山者はまだ到着しないので、ゆっくり**縄文杉**を眺めることができる。

夫婦《めおと》杉、大王杉など巨杉を見て下ると、ウイルソン株《かぶ》に着く。株は空洞で、中に祠が置かれている。神水《かみみず》といわれる湧き水があり、一角から頭上を仰げば、株の切り口がハート形に見えている。

大株《おおかぶ》歩道入口まで下ると、森林軌道敷（トロッコ道）歩きとなる。**楠川分れ《くすかわわかれ》**で軌道敷と離れ、辻《つじ》の岩屋を経て**辻峠**に至る。

峠から**太鼓《たいこ》岩**を往復し、苔むす森をすぎると**白谷《しらたに》小屋**に着く。くぐり杉を抜け、奉行《ぶぎょう》杉コース分岐を直進し、白谷川を横切る。

あとは白谷雲水《うんすい》峡の遊歩道を下ると、縦走終了点の**白谷雲水峡入口**に着き、鹿児島本港への高速船に連絡する宮之浦港行きバスに乗車する。

ヤクシマシャクナゲが咲く平石展望台直前の高塚尾根を行く

白谷小屋付近には、アニメ映画『もののけ姫』のイメージとなった幽玄な雰囲気の苔むす森が広がる

CHECK POINT

1

投石平から望む黒味岳。特徴のある山頂の巨岩が目をひく

2

宮之浦岳の山頂(右)を目前に、巨岩が点在する登山道を登っていく。左の岩のピークは栗生岳

3

永田岳山頂から先ほど越えてきた宮之浦岳を眺める。宮之浦岳同様、360度の大展望が楽しめる

4

2日目の宿泊地となる新高塚小屋(40人収容)。テントは小屋手前のデッキの上に張る。1時間ほど先には高塚小屋(20人収容)がある

5

大正時代に屋久杉を調査し、紹介したアメリカの植物学者アーネスト・ヘンリー・ウイルソンにちなんで名付けられたウイルソン株

6

大株歩道入口から縄文杉を目指す登山者たち。ここから楠川分れへのトロッコ道歩きがはじまる

7

楠川別れまで、トロッコ道を3.7㌔歩いていく

8

奥岳の雄大なパノラマを楽しめる太鼓岩。辻峠から往復30分ほどなので、時間があれば立ち寄ってみよう

9

40人ほど収容できる無人の白谷小屋。ここまで来れば、縦走終了点の白谷雲水峡まで1時間ほどだ

山頂にある太忠岳のシンボル・天柱石（高さ約50《メートル》）。東側の姿は天を突き刺すようだ

47

太忠岳

ヤクスギランドから天を突く巨岩・天柱石を目指す

たちゅうだけ
1497m

日帰り

歩行時間＝4時間35分
歩行距離＝7・2㎞

技術度 ★☆☆☆☆
体力度 ★☆☆☆☆

コース定数＝18

標高差＝482m

累積標高差 ↗720m ↘720m

太忠岳の魅力は、なんといっても山頂にある天を突く巨岩・天柱石《てんちゅうせき》の存在にあるが、屋久《やく》島の自然や多様な植生を身近に感じられるコースとしての魅力も大きい。前岳《まえだけ》三山と称される、愛子岳《あいこだけ》、太忠岳、モッチョム岳《だけ》の中で最も標高が高いが、登山口の標高が約1000《メートル》あるので、比較的容易に山頂に達することができる。

ヤクスギランド入口の管理棟で森林環境整備推進協力金の500円を払い、ときめきの径《みち》の木道を進む。林泉橋《りんせんきょう》を渡り、千年《せんねん》杉を見て荒川《あらかわ》歩道を進むと、吊橋の荒川橋があり、足もとに荒川の急流を見下ろしながらこれを渡る。

急坂を登り、尾根がなだらかになると、ひげ長老《ちょうろう》の名のついた屋久杉があり、あずまやのある遊歩道の分岐点に着く。ここには台風で根こそぎ倒れた**蛇紋杉**《じゃもんすぎ》があり、巨大な根を無残にさらしている。

登山道には、倒木更新や切り株更新した幼木から大木まで、多彩な屋久杉が現れる。沢を横切り、再び尾根を登ると、天文《てんもん》年間に一帯が伐採されたという、天文の森に着く。ベンチがあり、ひと息入れよう。

最後の水場から急坂を登ると、岩屋になった巨岩に突き当たり、稜線に出ると**石塚分れ**《いしづかわかれ》に着く。ハシゴを登って稜線を右に進むと、

■鉄道・船・バス
往路・復路＝安房港または安房から種子島・屋久島交通バスでヤクスギランドへ（安房港へは130《ページ》「黒味岳」参照）。帰りの最終便は15時すぎに発つので時間的に厳しく、タクシーが無難。

■マイカー
自家用車の場合は宮之浦港へフェリーで航送し（宮之浦港へは130《ページ》「黒味岳」参照）、県道77・592号でヤクスギランドへ。レンタカーは宮之浦と屋久島空港、安房のいずれかからヤクスギランドへ。

■登山適期
4月中旬から11月中旬までがよい。ベストは、ヤクシマシャクナゲが開花する、5月下旬から6月初旬。

■アドバイス
▽登山の際、森林環境整備推進協力金への協力（500円）が必要。
▽天柱石の西側にある小ピークから天柱石を見ると、まったく異なる形になる。ここは花折岳や石塚山の眺めがよい。
▽石塚分れから花折岳へ向かう踏跡があるが、岩場があり一般向きではない。往復約3時間を要す。

■問合せ先
130《ページ》「黒味岳」の項を参照。

■2万5000分ノ1地形図
宮之浦岳

地元小学生が命名した屋久杉・ひげ長老。推定樹齢は1000〜1500年

太忠岳のシンボル、高さ50《メートル》の天柱石に着く。天柱石の基部を回りこんで台座状のテラスに登ると、愛子岳方面の展望がすばらしい。北側の岩の隙間には、岳参り《たけまい》りの名残の祠がある。

帰路は**蛇紋杉**倒木まで、往路を引き返す。蛇紋杉で右に進み、天柱杉、母子《ははこ》杉、仏陀《ぶっだ》杉、双子《ふたご》杉、くぐり杉など、それぞれ特徴ある杉を眺めながら、**ヤクスギランド入口**に戻る。

CHECK POINT

1

ヤクスギランド管理棟。ヤクスギランド散策者と太忠岳登山者はここで森林環境整備推進協力金を払って中に入る

2

荒川の美しい渓谷を眺めながら、吊橋の荒川橋を渡る

3

ヤクスギランド散策150分コースの最終点にあるあずまやと、倒木となって根をさらす蛇紋杉

4

天文年間に一帯が伐採されたという天文の森。案内板とベンチがある休憩適地

5

石塚分れから太忠岳への尾根にハシゴを登って取り付く

6

太忠岳山頂から北東に望む愛子岳。三角形のピークがよく見える

ヤクスギランド近くの県道から望む太忠岳。巨大な天柱石がよく見える

48

愛子岳

山頂部の白い岩壁が目をひくピラミッド形の秀峰

日帰り

あいこだけ
1235m

歩行時間＝8時間10分
歩行距離＝13・1km

技術度

体力度

コース定数	＝32
標高差	＝1211m
累積標高差	↗1254m ↘1254m

小瀬田集落から望む愛子岳。山頂部の白い花崗岩が雪のように見える

↑しるべの木

→360度の眺望がある愛子岳山頂

屋久島《やく》では、麓から見える愛子岳、太忠岳《たちゅうだけ》、モッチョム岳《だけ》の3山を前岳《まえだけ》三山とよんでいる。これらは宮之浦岳《みやのうらだけ》や永田岳《ながただけ》などの奥岳に劣らない人気ある山となっているが、なかでも愛子岳は山麓から眺めると、白く輝く花崗《かこう》岩の岩壁をまとった三角形の秀麗な姿がひときわ目をひく。また、宮之浦港や屋久島空港に近いことから、訪れた登山者に第一印象を与える山である。山名が内親王《ないしんのう》愛子さまと同名であることから、ご誕生当時、一躍人気になった。

小瀬田《こせだ》バス停から県道に出て左に進むと、小瀬田林道入口に愛子岳登山道入口の道標があり、前方に目指す愛子岳のピークが望まれる。林道を約2・5㌔進むと三差路に**愛子岳登山口**の大きな案内板

■鉄道・船・バス

往路・復路＝宮之浦港から種子島・屋久島交通バス、まつばんだ交通バスで小瀬田へ（宮之浦港へは134㌻「宮之浦岳・永田岳」の復路参照）。愛子岳登山口へは徒歩約1時間。

■マイカー

自家用車の場合は宮之浦港へフェリーで航送し（宮之浦港へは130㌻「黒味岳」参照）、県道77号、小瀬田林道で愛子岳登山口へ。レンタカーは宮之浦か屋久島空港から愛子岳登山口へ。

■登山適期

通年登れるが、おすすめはサクラツツジの咲く4月下旬～5月上旬。

愛子岳登山道で見られるサクラツツジは、4月下旬から見ごろとなる

■アドバイス

▽登山口へは、タクシーまたはレンタカーの利用をすすめる。

▽宮之浦港近くにある屋久島環境文化村センター（☎0997・42・2900）は、屋久島の自然・文化に関する情報の提供・案内を行ってい

CHECK POINT

1 大きな案内板がある愛子岳登山口。案内板には、登山道をわかりやすく示すイラストマップがある

▼

2 標高1000㍍まで、200㍍ごとに設置される階層別植生図表。登山道沿いにはヒメシャラの大木が点在する

▼

3 「とまりの木」と名が付いている木。ここまで来れば山頂は近い

▼

4 とまりの木から望む、山頂直下の岩場を登る登山者

▼

5 岩場の要所には太いロープが設置してあるので、安心して登ることができる

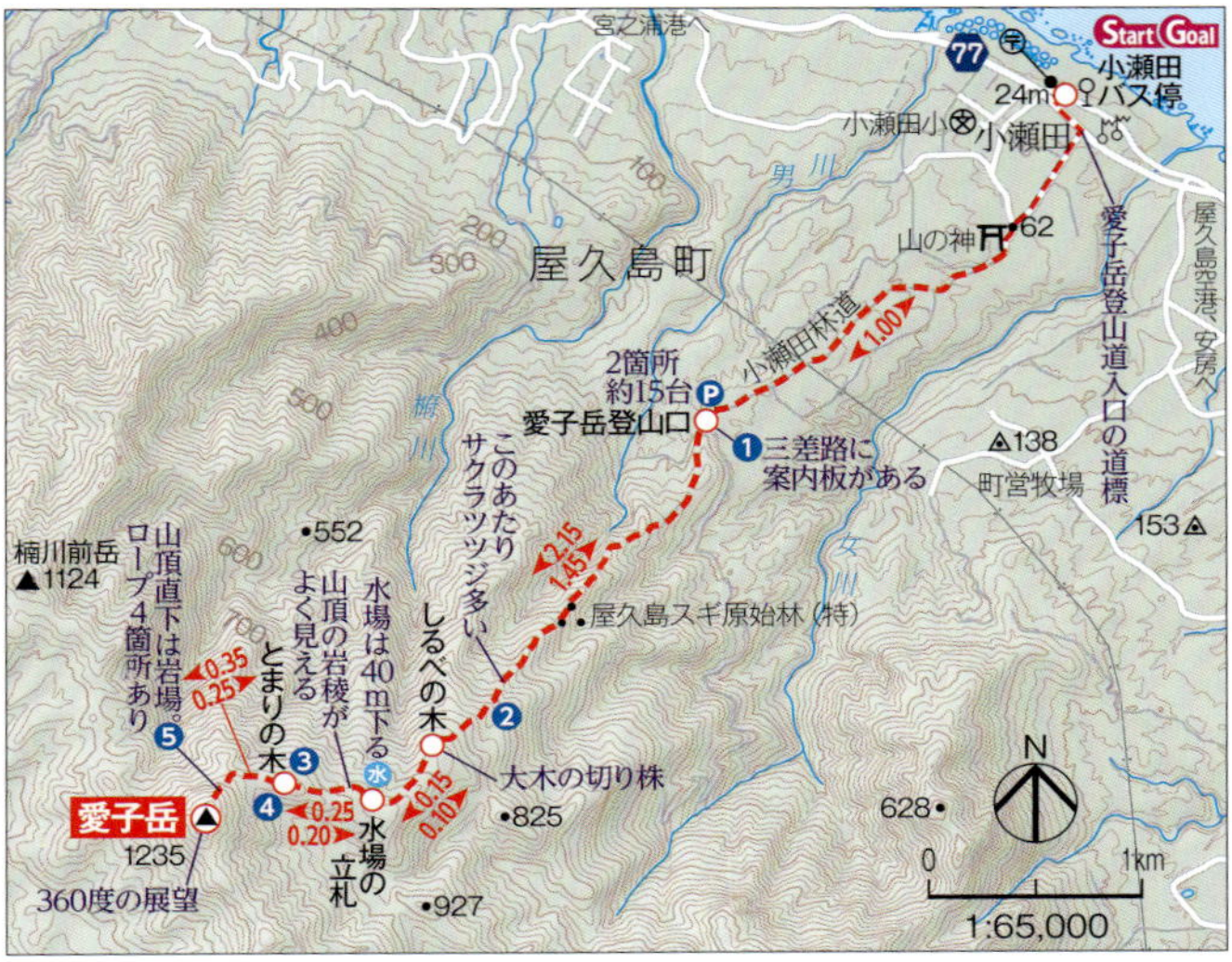

が立っている。

尾根に取り付いて沢を横切り、尾根の左斜面を進む。主尾根に出ると標高500㍍地点から急登が続くが、春は点在するサクラツツジの花が目を楽しませる。

大きな屋久杉の切り株である**しるべの木**をすぎて尾根の右側をトラバースすると、足もとに**水場の立札**があり、右に40㍍下ると沢水が得られる。

標高1000㍍をすぎると、まもなく**とまりの木**があり、目前に愛子岳山頂の大岩壁が望まれる。山頂直前の岩場は太いロープが取り付けてあるので安心だ。

岩壁を登り、展望が開けた岩稜を越えると**愛子岳**山頂に着く。三角点はないが、好天日には宮之浦岳や黒味岳《くろみだけ》など奥岳の山々や太忠岳の天柱石《てんちゅうせき》も確認できる。また、眼下には麓の集落と海原に種子《たねが》島が浮かんで見える。山頂にある祠には、お賽銭に多くの古銭が見られることからも、古くから岳参《たけまい》りと山岳信仰の山であったことがうかがえる。

帰りは往路を引き返す。

とまりの木から望む、花崗岩の岩場になった愛子岳山頂

る。とくに、大型スクリーンによる屋久島の自然を紹介する映像は迫力がある。

▽温泉は楠川地区に楠川温泉（☎0997・42・1166）がある。

■**問合せ先**
134㌻「宮之浦岳・永田岳」の項を参照。

■**2万5000分ノ1地形図**
宮之浦岳・安房・屋久宮之浦

49

屋久島屈指の難コースを誇る巨大岩峰の山

モッチョム岳

もっちょむだけ
940m

日帰り

歩行時間＝6時間
歩行距離＝4・9km

技術度

体力度

コース定数＝**21**

標高差＝708m

累積標高差 ↗847m ↘847m

南東麓の原集落から望むモッチョム岳。花崗岩の巨大な山塊は、「東洋のマッターホルン」とも称される

山頂から眼下に望む尾之間集落と海岸線

モッチョム岳（漢字表記は本富岳）は、屋久《やく》島の南端、尾之間《おのあいだ》集落の背後にそびえる巨大な岩峰で、山頂にある古い祠から、地元集落の人々の岳参りの山であったことがわかる。圧倒的な威容を誇る岩峰の山容は、「東洋のマッターホルン」とよばれ、山頂から垂直に数百メートル切れ落ちる花崗《かこう》岩の巨大なスラブは、永田岳《ながただけ》北壁、岩峰の七五岳《しちごだけ》とともに屋久島三大岩壁のひとつ。これまでに、何本ものクライミングルートが拓かれている。

山頂へは急登につぐ急登で、この山を登ることができれば、屋久島の山は大概登ることができるといわれほど険しいコースで、それだけに登頂した際の達成感は大きい。また、山頂から足もと約千メートルにある集落と太平洋の水平線を見渡せる絶景も大きな魅力である。

モッチョム岳登山口は、屋久島の観光名所・千尋《せんぴろの》滝展望台への入口にある。登山口にあるお札所で参拝し、タナヨケ歩道とよばれる登山道に入る。すぐ急登がはじまり、標高約700メートル近くまで登ると、尾根上に八方に枝を広げた堂々たる**万代《ばんだい》杉**がある。

尾根を登り下りして進むと、**モッチョム太郎《たろう》**の名が付いた巨大杉があり、斧で切り倒そうとした跡が見られる。急登で高度を稼ぎ、モッチョム岳の最高点になる**神山《かみやま》展望所**で展望を楽しむと、狭い稜

■鉄道・船・バス
往路・復路＝宮之浦または安房（宮之浦港へは134ページの復路、安房へは130ページ参照）から種子島・屋久島交通バス大川の滝行きで鯛ノ川へ。さらに千尋滝への坂道を徒歩で上がること約1時間でモッチョム岳登山口へ。タクシーはモッチョム岳登山口に直接入ることができる。

■マイカー
自家用車の場合は宮之浦港へフェリーで航送し（宮之浦港へは130ページ「黒味岳」参照）、県道77号などでモッチョム岳登山口へ。レンタカーは宮之浦港か屋久島空港、安房のいずれかからモッチョム岳登山口へ。

■登山適期
通年。梅雨時期と真夏は避ける。

■アドバイス
▽登山口までは、タクシーまたはレンタカーを利用しよう。
▽温泉は尾之間に尾之間温泉（☎0997・47・2872）がある。

■問合せ先
134ページ「宮之浦岳・永田岳」の項を参照。

■2万5000分ノ1地形図
尾之間

↑落差60ﾒｰﾄﾙの千尋滝

←尾之間集落からのモッチョム岳（右）と耳岳（中央の鋭峰）、割石岳（左）。この３峰を尾之間三山とよぶ

線を進むようになり、山頂の岩峰に立つ登山者の姿も見える。

鞍部まで80ﾒｰﾄﾙほど下り、木の根とロープをつかんで最後の急坂を登る。大岩に取り付けてあるロープをつかんで登れば**モッチョム岳**山頂だ。絶景を楽しみながら、難コースを登りきった達成感に感動を覚えずにはいられないだろう。

下山は往路を引き返す。

（以上、川野秀也）

CHECK POINT

1 モッチョム岳登山口。案内板には、登山コースのイラストマップがある

2 斧を入れた跡が残るモッチョム太郎。樹高24・5ﾒｰﾄﾙ、胸高周囲9・4ﾒｰﾄﾙの巨杉

3 神山展望台をすぎると、岩場と木の根が露出する、急登につぐ急登となる

4 山頂直下はロープをつかんで大岩をよじ登る

5 360度の展望が広がるモッチョム岳山頂。北側に耳岳、その奥に割石岳を望む

6 岳参りの山の名残、山頂大岩の南側に祀られる一品宝珠大権現

推定樹齢3千年の万代杉

50 嘉津宇岳

日帰り

本部半島主峰の頂からの360度の展望を楽しむ

かつうだけ
452m

歩行時間＝3時間10分
歩行距離＝10・5㎞

技術度 1/5
体力度 1/5

コース定数	＝15
標高差	＝449m
累積標高差	↗ 538m ↘ 538m

←本部半島でもひときわ高く稜線を描く山群（左から安和岳、八重岳、嘉津宇岳）

←山頂からの東面の名護市街地

　リゾートホテルが建ち並ぶ恩納《おんな》村の西海岸をさらに北上すると、名護《なご》湾を挟みこむようにして本部《もとぶ》半島が眼前に姿を現す。そこにひときわ高く稜線を描いているのが、嘉津宇岳、八重岳《やえだけ》、安和岳《あわだけ》の山群で、なかでも昔から人々によく親しまれているのが嘉津宇岳である。

　琉球《りゅうきゅう》王国時代から大正時代の初期まで沖縄本島《ほんとう》の最高峰と信じられていたが、実際の標高では与《よ》那覇岳《なはだけ》（503メートル）、八重岳（453・5メートル）に次ぐ第3位である。しかし、恰幅のよい円錐《えんすい》カルストの山容と展望のすばらしさでは、やはり嘉津宇岳に軍配が上がる。

　北西にある八重岳は桜の名所として1月中旬からにぎわうが、山頂は大規模な通信施設であり、ドライブ向きのコースである。この山域は貴重種の植物や動物が多く、天然記念物に指定され自然環境保全地域となっているので、マナーやルールは厳守しよう。

　国道58号を北上、名護市宮里《みやざと》の21世紀の森、野球場前を本部町に向けて国道449号に入る。屋部《やぶ》支所、屋部バス停を通過すると左手に**旭川入口バス停**《あさひかわ》が現れる。バス利用の場合はここで下車する。

　前方に嘉津宇岳案内の標識があるので、それにしたがって右折。かつやまガーデンゴルフ練習場を通過、**勝山**《かつやま》**公民館**手前の案内標識を右に登りつめると、広い駐車場と展望台のある**登山口**だ。すでに標高270メートル地点なので、山頂までは歩いて30分ほどである。

　登山口の階段はすぐに消え、登るにつれ、しだいに足もとに石灰

■**鉄道・バス**
往路・復路＝名護バスターミナルから琉球バス、沖縄バス65番本部半島線で旭川入口へ。
■**マイカー**
国道58号を北上し、名護市宮里で国道449号へ。旭川入口バス停先の

CHECK POINT

1 駐車場のある登山口から嘉津宇岳を望む。山頂へは30分ほどの登り

2 登山口から山道に入ると、しばらくは階段の登りが続く

3 階段が終わると石灰岩が露出した道になる。濡れている時はスリップに注意

4 山頂からの眺め。西面の安和岳をはじめ360度の展望が広がる

岩が大きく露出してくる。やがて岩が消えて平坦な道となり、しばらく続く。岩がまた目立ちはじめると登りになるが、すぐに岩と樹木を抜け、**嘉津宇岳**山頂に達する。360度の展望は、北部一帯の海岸の連なりや稜線が手にとるように見わたせる。

下山は往路を戻る。（与儀 豊）

嘉津宇岳案内の標識にしたがい右折。勝山公民館手前の標識を右に登りつめると登山口で、広い駐車場がある。

■**登山適期**

日本一早い桜（ヒカンザクラ）の満開のシーズンは1月下旬。八重岳までお花見ドライブも楽しい。盛夏は避けたほうがよい。

■**アドバイス**

▽雨で濡れた時の岩はとてもすべりやすいので注意。

▽嘉津宇岳南壁の古巣岳（391メートル）は、よりワイルドで登山らしさを味わえるコースだ。

▽かつて嘉津宇岳にはヤギが放牧され、人々は飼育に情熱を注いできた。勝山農村交流センター（勝山公民館）の食堂ではヤギ料理が味わえる。また、シークヮーサーの産地としても知られており、公民館手前にある勝山シークヮーサー（☎0980・53・8686）では工場見学も可能（要予約）。

■**問合せ先**

名護市観光班☎0980・53・7530、名護市観光協会☎0980・53・7755、琉球バス☎098・852・2510、沖縄バス☎098・862・6737、勝山公民館☎0980・53・8336

■**2万5000分ノ1地形図**

名護

「やんばる」とよばれる北部山岳地域や名護湾を一望する名護岳山頂

名護岳はヒカンザクラの名所

イタジイが茂る登山道

51

香しいナゴランと日本一開花の早い桜の山へ

名護岳《なごだけ》

345m

日帰り

歩行時間＝2時間55分
歩行距離＝6・5km

技術度

体力度

コース定数＝11
標高差＝343m
累積標高差 392m（登り） 392m（下り）

名護岳は、遊歩道や展望台が整備された県立名護中央公園の奥にある。真冬に満開となるヒカンザクラの名所で、また日本固有のランの一種・ナゴランの名称は、名護岳で発見されたことに由来する。

名護城《なんぐすく》入口バス停で下車すると、バス停前の道路中央で、名護市街地への玄関口のシンボル・ひんぷんガジュマルの大木が出迎えてくれる。その手前のあなだ橋を渡ってすぐ右折し、山手に向かって幸地《こうち》川沿いに進む。左側に赤瓦の校舎の東江《あがりえ》中学校があり、その先が名護中央公園の案内板が立つ駐車場で、**公園の入口**となる。

両側に桜並木が続く50段の階段を登って、舗装された園路を進む。左にゆるやかに登っていくと、「白い煙、黒い煙」の碑の案内板がある。このあたりから、左手に名護市内が見えてくる。

すぐに「名護青少年の家」への案内板のある分岐に出て、右折して登っていくと**青少年の家**に着く。今ではほとんど見られなくなった幻の野生のナゴランが玄関脇の庭木に着生している。建物の左側から、そのうしろの体育館を巻いていくと、トイレや炊事棟のある広いキャンプ場に出る。その奥が**登山口**だ。

赤土がえぐられ細い溝状になった道を登ると、名護岳へ続く**尾根上の分岐**に出る。道標にしたがっ

■**鉄道・バス**
往路・復路＝那覇バスターミナルから琉球バス、沖縄バスの名護西線（20番線）か名護西空港線（120番線）で名護城入口へ。

■**マイカー**
国道58号を北上し名護市街へ。東江4丁目北交差点を右折し、県道84号を経て名護中央公園へ。公園の入口付近に駐車場とトイレがある。

■**登山適期**
1月下旬～2月上旬にはピンク色のヒカンザクラの花見が楽しめる。汗まみれになる夏の暑さを避けて、10

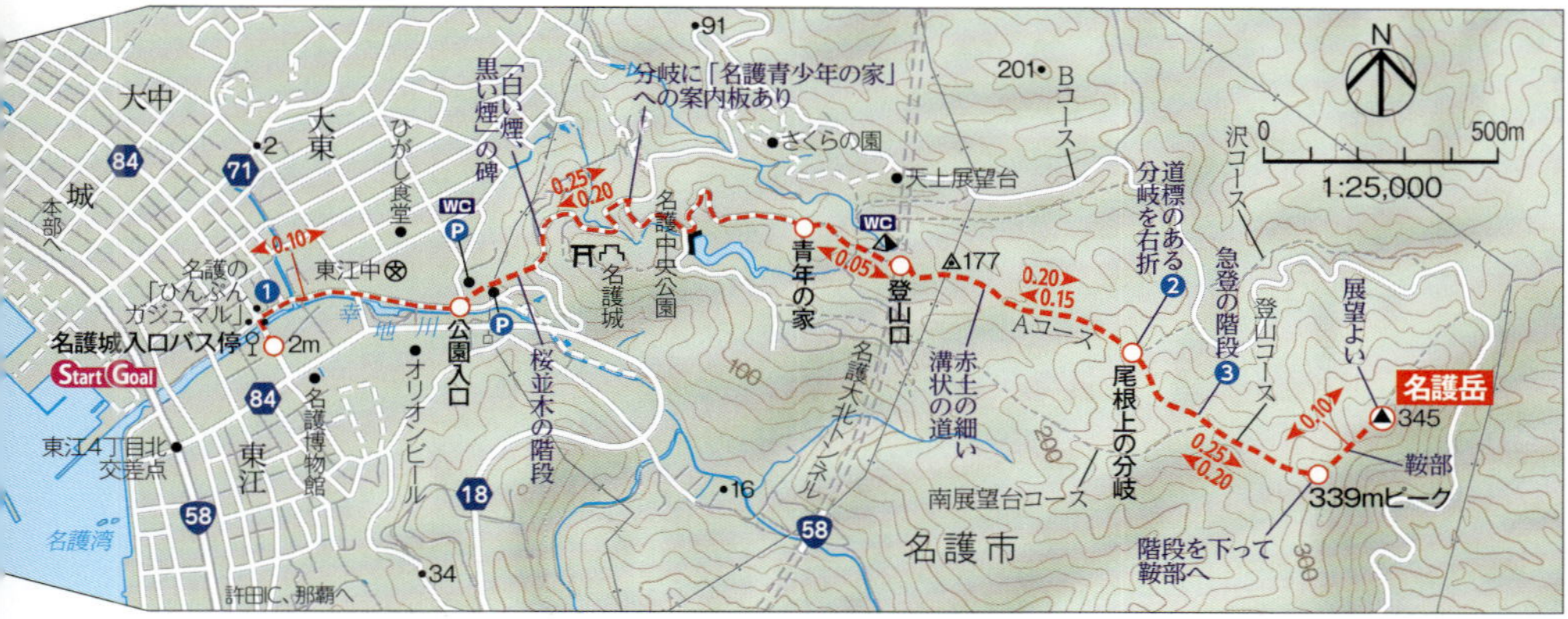

て右の短い階段を上がり、尾根上を進んでいく。

イタジイを中心とする照葉樹林は、まさにやんばるの森だ。急坂には階段が敷設されるなど、整備された登山道を25分ほど行くと、名護岳の前衛峰となる**339メートルのピーク**に着く。ここは樹林に囲まれ視界はない。

いったん階段を鞍部《あんぶ》へ下り、もうひと汗かいて登り返すと3等三角点のある**名護岳**の山頂だ。いっきに展望が開け、市街地をはさんで本部《もとぶ》半島の山々、北にはやんばるの山並みが連なる。真っ白なビーチが続く名護湾や羽地《はねじ》内海、反対側の大浦《おおうら》湾には国が普天間《ふてんま》飛行場の移設先としている在日米軍海兵隊基地のキャンプシュワブなど、東《ひがし》シナ海《かい》や太平洋が一望できる。

下山は同じコースをたどる。市街地も近いので飲食も楽しめる。（伊波卓也）

CHECK POINT

起点となる名護城入口バス停の近くには、「ひんぷんガジュマル」の大木が立っている

尾根上の分岐。「名護岳」の道標にしたがって進む

❷をすぎると、まもなく100段あまりのきつい階段が続くようになる

～4月が適期。

■アドバイス

▽県立名護中央公園の広い園内には、展望台や整備された遊歩道があり、いくつかのハイキングコースが設定されている。沢コースから名護岳に登ることもできる。コースの案内図や問合せは名護青少年の家（☎0980・52・2076）へ。青少年の家では5人以上のグループや家族などで登山やトレッキングのための宿泊やキャンプも可。

▽下山後、オリオンビール名護工場（☎0980・54・4103）の見学がおすすめ。ゲストホールでできたてビールの試飲ができる。見学は要予約。甘党なら、東江中学校の裏通りにある「ひがし食堂」（☎0980・53・4084）で、沖縄風の冷やしぜんざいを。

▽12月上旬には名護岳周辺を歩く人気のイベント「名護やんばるツーデーマーチ」が開催され、沖縄県外からも多くのウォーカーが参加する。

■問合せ先

名護市観光班☎0980・53・7530、名護市観光協会☎0980・53・7755、琉球バス☎098・852・2510、沖縄バス☎098・862・6737

■2万5000分ノ1地形図

名護・名護南部・仲尾次・瀬嵩

52

多彩なルートをたどって亜熱帯の自然とふれあう

熱田岳《あつただけ》

160m

日帰り

歩行時間＝1時間3分
歩行距離＝1・5km

技術度 体力度

コース定数＝**5**	
標高差＝118m	
累積標高差	↗ 126m
	↘ 126m

←鞍部のビューポイントからは名護湾越しに本部半島が一望できる

沖縄でも人気のビーチリゾートが、恩納《おんな》村にある県民の森だ。181ヘクタールの自然林を利用した森林レクリエーションの場として、昭和61年から多くの人に親しまれている野外活動の拠点である。

北西側から望む熱田岳。亜熱帯林に覆われている

ここで紹介するのは、県民の森の中にあって、いくつもの登山コースや自然散策ルートをもつ熱田岳だ。県民の森は、沖縄の幹線道路である国道58号沿いに入口のゲートがあるので、楽にアクセスできる。バスなら那覇《なは》市から名護《なご》西線20番が便利。

施設内の森林学習展示館では、熱田岳の樹木や昆虫、鳥などが手軽に学べる展示物がある。ここで予備知識を仕入れて登山ルートに向かえば、山をいっそう楽しめる。

ルートはいくつかあるが、ここでは登山コースBから登り、尾根沿いの遊歩道を歩いて、登山コースAを下る周回を紹介する。道は石段などできれいに整備されているので、迷うことはない。

森林学習展示館前の舗装路から登山ルートが整備され、**登山コースB入口**からの登りはじめは石段の道を行く。ルート沿いの樹木に

■鉄道・バス
往路・復路＝那覇バスターミナルから琉球バス、沖縄バスの名護西線（20番線）か名護西空港線（120番線）で熱田へ。県民の森へは約1・1キロ・徒歩約20分。

■マイカー
国道58号を北上し、恩納村の安富祖北交差点を右折。道なりに進んで県民の森へ。森林学習展示館の手前に駐車場とトイレがある。

■登山適期
平均気温が25度Cを下回る時期が登りやすい。平均的には10～4月にかけて適期だろう。この時期でも天候しだいで夏日になる日も少なくないので、暑さ対策は充分に。

CHECK POINT

登山コースB入口。よく整備された階段からスタート

しばらくは木漏れ日がまぶしい平坦な道を進む

分岐には道標などが整備され、迷わずに歩ける

登山コースA入口。登山コースB入口へは5分ほど

は名前などを示した標識がかけられており、亜熱帯の木々を学びながらゆっくり楽しみたい。

10分ほどなだらかな登りが続いたあと、石段の坂道が現れる。この坂道の途中、木々の間から東シナ海が見えはじめる。石段を15分ほど登ると**分岐**に出る。左へ行けば山頂、右は冒険広場へと続く。ここを右折。3分ほどで東シナ海が一望できる**展望地**に到着する。景勝地で知られる万座毛《まんざもう》から、本部《もとぶ》半島や瀬底《せそこ》島などが望める。休憩に適した広場などはないが、立ち止まってこの眺めを堪能していこう。

風景に別れを告げて足を進めると、5分ほどで**分岐**となる。直進すれば冒険広場に出るが、ここを右折して下りのルート（登山コースA）をとる。道の両脇には「那覇市の木・フクギ」や「沖縄市の木・ビロウ」など、沖縄県内の各市町村の樹が植林されている。それらを見ながらのんびり歩けば20分ほどで、**登山コースAの入口**に下りられる。他にいくつかのルートがあるので、総合案内棟でルート図をもらっていこう。

（文＝林 秀美　写真＝青塚博太）

■アドバイス

▽県民の森の開園時間は9時～18時30分（4月1日～8月31日）。これ以外の時期は17時30分閉園。また月曜は休園（祝日の場合翌日休）。4月1日～11月30日の休園日以外はキャンプも可能（要予約）。

▽渓流沿いの遊歩道や山頂へ立つ自然観察コースなど、複数のルートがある。施設内の森林学習展示館や総合案内棟などでルートを確認できる。

県民の森には多彩なルートがあり、看板も整備されている

▽1月のヒカンザクラ、3～4月のツツジやイッペー、4～5月のデイゴなど花の咲く木も多い。

■問合せ先

恩納村商工観光課☎098・966・1200、琉球バス☎098・852・2510、沖縄バス☎098・862・6737、県民の森管理事務所（総合案内棟）☎098・967・8092

■2万5000分ノ1地形図

名護南部

53

於茂登岳

亜熱帯の原生林に覆われた沖縄県最高峰

おもとだけ
526m

日帰り

歩行時間＝2時間5分
歩行距離＝4・5km

技術度
体力度

コース定数	＝9
標高差	＝370m
累積標高差	登り 403m / 下り 403m

亜熱帯の原生林が繁茂する於茂登岳の南斜面

山頂から桴海於茂登岳（左）をはじめとする北部の山々を見わたす

■鉄道・バス

往路・復路＝石垣港離島桟橋そばの国道390号起点、または南ぬ島石垣空港からタクシーで登山道入口へ。奥の小広場へは徒歩約5分。山麓のおもとバス停を経由する東運輸のバス便（石垣バスターミナル、石垣空港発）があるが、1日上下2便と便数が少ない。

■マイカー

石垣市街地または南ぬ島石垣空港から於茂登集落へ。集落内の「於茂登岳1・7キロ」の標示にしたがい西に向かうと登山道入口がある。4WD車や軽自動車などは、さらに奥の小広場まで進行できる。

■登山適期

1月はヤブツバキ、3月はエゴノキ、4月はコンロンカとユウコクラン、7月はツルラン、11月はツワブキ、12月はカゴメランがそれぞれ見ごろ。3、4月は天候不安定時には雲が低いが、時には良好。5、6月は雨季のため、雲が低く山頂を覆う日が多い。7、8月は山道が無風で高温多湿だが、山頂は良好。それ以外の季節は快適。

■アドバイス

▽登山道入口から奥の小広場への道路は、途中の坂道が大雨のたびに流され溝になる。最低地上高の低い普通乗用車の場合は要注意。

▽登山道は、山頂までコンクリート

梅雨が明けると石垣島に本格的な夏が訪れる

石垣島《いしがき》の於茂登岳は、沖縄県の最高峰である。標高は他県山岳の比ではないが、山道を一歩はずれると、亜熱帯の原生林がうっそうと茂り、人の立ち入りを拒む神秘的な雰囲気だ。その一方で、休日ともなれば登山者が絶えない、「石垣市民の山」でもある。

登山口のある於茂登集落を通る路線バスは運行間隔が長いので、タクシーかレンタカーがよい。

石垣市街地から県道87号を北上し、於茂登集落内に立つ「1・7キロ」の標示を西に向かうと、正面に於茂登岳の東斜面が広がる。ほどなく登山道入口に到着し、約400メートル先に**奥の小広場**がある。

小広場の登山口からスタートする。登山道は山頂まで完全な一本道だ。別の登山口や合流する山道、分岐する尾根道はない。

スタートして5分、山道の左右に祠がある。祠後方の丸木橋を渡り、しばらくはゆるやかな登りが長々と続く。一帯の原生林を観察しながら登り、**「滝」の標示**付近で小休止。呼吸を整えて再びスタートすると、ほどなく**イタジイの巨木**が出迎えてくれる。その後、左手に水量の少ない小川を通過すると、**最後の給水ポイント**だ。給水を兼ねて小休止していこう。

給水ポイントをすぎると、すぐコース最大の急登がやってくる。急登を越えるとしばらくは平坦な道が続き、リュウキュウチクがちらほら生え出す。その後は平坦と登りをくり返す。

突然青空が開け、左手奥に白いドーム付き施設が現れる。一瞬、山頂と思いきや、山道は再び木々のトンネルに入る。薄暗い山道を行くと「左折」の標示がある。標示にしたがって進むとフェンスに囲まれた防災行政無線施設の建物と鉄塔が正面に現れ、於茂登岳山頂直下の**施設前広場**に到着する。ひと息入れていこう。

三角点はまだ先にある。建物を囲うフェンス沿いに進み、低い土手を登るとリュウキュウチクが群生している。その正面に一人幅の細道がある。

背丈を超すリュウキュウチクの中の細道をかき分けて15メートルほど進むと空が開け、最高点の**於茂登岳山頂**に到着する。足もとに3等三角点がある。

ここからの眺望は、点在する花《か》崗《こう》岩の上から望むとよいだろう。石垣島の北西部や北東部の絶景が広がる。

下山は往路を戻る。（松島昭司）

の山道だが、30年以上経過しているため、部分的に亀裂や決壊している。雨天時はスリップに要注意。

▽「滝」の標示から水音をたどっていくと、かわいい滝に会える。

▽防災行政無線施設が建つ山頂広場からは一帯の景色が展望できないので、すぐ先の三角点まで行くことをすすめる。

▽山頂部の「聖域」へは、山頂からいったん「左折」の標示に戻り、東（左）に直進して尾根道を40メートルほど進む。右手茂みの中の花崗岩の巨岩に鎮座している。

▽於茂登岳の元来の表記は、「大本嶽（おおもとだき）」で、石垣島の「おおもとをなす山」の意。

▽「大本嶽」を標示した石碑が、名蔵ダム湖の北側にある。

▽付近には、グランドゴルフ場、ゴルフ場、サッカーパーク、自然植物園、バンナ公園がある。

■問合せ先

石垣市観光文化課☎0980・82・9911、石垣市観光交流協会☎0980・82・2809、共同無線タクシー☎0980・83・3355、東運輸（バス）☎0980・87・5423、スカイレンタカー石垣島営業所☎0980・84・4039

■2万5000分ノ1地形図

川平

＊コース図は153ページを参照。

夏雲がわく沖縄県最高峰・於茂登岳

CHECK POINT

1 於茂登集落内の県道87号にある「於茂登岳1.7㌔」の標示から西へ向かう

2 登山道入口。普通乗用車やタクシーはここまで。奥の小広場へは歩いて5分ほど

3 水音をたどっていくと、小さな滝に出る

4 ❸から10分弱で、樹齢100年余のイタジイの巨木に出迎えられる

5 最後の給水ポイント。この先は急登となるのでひと休みしていこう

6 「左折」の標示にしたがうと施設前の広場に出る。三角点へは左奥に進む

N
0
500m
1:20,000
•288
•221
3等三角点。
沖縄県の最高点
於茂登岳
526
施設前広場
聖域
0.05
0.25
0.20
500
「左折」の標示がある
•389
•113
400
最後の給水ポイント
水
急登
0.10
イタジイの巨木
300
200
100
「滝」の標示
0.05
•281
おもとバス停～
登山道入口間
徒歩約20分
•63
•352
奥の小広場
(登山口)
Start Goal
溝状にえぐれた林道
祠
0.20
156m
0.05
登山道入口
•88
真栄里ダ
車種によっては
ここまで車で入れる
駐車スペース、
登山道の標示等
•224
おもと
真栄里
名蔵へ
大本嶽の石碑
86
展望台
親水公園
204
•78
名蔵ダム
大本小学校
「於茂登岳1.7km」の標示が立っている
石垣市
87
よりあい織物工房
•200
宮良川
名蔵へ
ジュマール楽園
•189
ゴルフ場
開南
石垣市街へ

54

悲しい石化伝説の残る岩山「ヌスクマーペー」

野底岳

のそこだけ
282m

日帰り

歩行時間＝1時間25分
歩行距離＝2.5km

技術度
体力度

コース定数＝6

標高差＝275m

累積標高差 283m 283m

緑色火山岩類の山である野底岳。山頂は巨岩が露出する

野底岳は別名「ヌスクマーペー」とよばれ、地元では別名のほうが親しまれている。ヌスクは野底の方言名で、マーペーは女性の名前。

山頂から望む南西の於茂登山系

山頂からの東シナ海とサトウキビ畑

マーペーが故郷の黒《くろ》島の恋人を思うあまり、石と化してしまった伝説が残る（「アドバイス」参照）。

ヌスクマーペーへの登山は早くから行われているので、山道もしっかりしている。休日には、山頂の岩に立つ登山者が麓からも見ることができる。以前は完全な一本道だったが、野底林道が開通したため、林道からの近道コースができた。本項では従前の登山コースを紹介しよう。

野底小学校前の県道79号を東に進むと、車窓右側の奥に緑の山々が横たわる。その中央にひと際目立つ急峻な岩山が、野底岳だ。

地元有志の山水会が設置した標示板が県道沿いに立っている。それにしたがって右折し、南に向かう。野底岳が正面にしだいに大きくなる。ほどなくして**登山道入口**の広場に着く。

入口から薄暗い木々のトンネルを進むと、イノシシ防止用のフェンスが山道に沿ってのびている。

■**鉄道・バス**
往路・復路＝石垣港離島桟橋そばの国道390号起点、または南ぬ島石垣空港からタクシーで登山道入口へ。

■**マイカー**
石垣市街から県道87・79号、南ぬ島石垣空港から国道390号、県道79号等で野底集落へ。野底集落内の山水会の標示板にしたがい右折して登山道入口へ。

■**登山適期**
1月はセンリョウ、4月はテッポウユリやシャリンバイ、10月はショウキズイセンが見ごろ。3～4月は天候が不安定。5～6月は雨季。7～8月は山道が無風で高温多湿だが、山頂は良好。それ以外の季節は快適。

■**アドバイス**
▽急峻な同岳は、北壁から登ることはできない。岳を北から東へ半周するように登る。
▽山道は全体的に木の根や岩石が露出し凹凸状なので、足もとに要注意。
▽山道は登るにつれて勾配が増すが、山頂からの景色はその苦労を消してくれるほどにすばらしい。

ぬかるみを渡ると開閉式のゲートがあり、いきなり登り坂になる。

しっかりした山道は、場所によっては侵食されて溝になっている。スタートして15分、2回目のロープがついた**赤土の急登**を越えると、しばらくは平坦な山道が続く。突然、山道の方角が変わり、西に向かうコースになる。

いよいよ勾配が増してくると、左側に脇道がある。野底林道に新しくできた**近道からの合流地点**だ。ますます急勾配になり、ロープを頼りに登る。

突然青空が開け、目の前に大岩が現れる。正面には「ヌスクマーペー」の由来を記したパネルが立っている。その左を登ると足もとに3等三角点がある。**野底岳**山頂からは360度の景色が広がる。

下山は往路を戻る。

山頂の巨岩のひとつが、大雨による台座部分の侵食で傾き、浮き石状になる。崩落は免れ安定しているが、注意を要する。

（松島昭司）

CHECK POINT

県道79号沿いにある山水会の標示板。これにしたがい右の道に入る

登山道入口。ここから進むと、ほどなく薄暗い木々のトンネルの道となる

リュウキュウマツの巨木群や亜熱帯の原生林の中の道を進んでいく

3を抜けると赤土がむき出しの急登になる。雨上がりの際は要注意

▽山頂に露出する巨岩は安山岩。太古の昔、火山活動によってできた山岳であることがわかる。

▽眼下の集落の先に広がる大海原は東シナ海。北東に遠望する山並みの右手には太平洋が広がる。視界を南西に転ずれば、亜熱帯原生林が眼下に広がり。遠方には黒々と連なる於茂登山系が見える。

▽**「ヌスクマーペー」の伝説**　1732年、琉球王府のころ、黒島から石垣島野底へ村人が強制的に移住させられた。娘マーペーは黒島に残してきた恋人を思い、せめて恋人の住む黒島を見たいと険しい野底岳にやっとの思いで登ったが、目の前には於茂登岳が立ちはだかり、島影は見えなかった。マーペーは声をあげて泣き、村人が探し出した時には祈るような姿で石と化していたという。

▽平成30年1月下旬の大雨で傾いたとみられる山頂の巨岩への「注意喚起」の標示板が、登山口と山頂に立っている。

■**問合せ先**

石垣市観光文化課☎0980・82・9911、石垣市観光交流協会☎0980・82・2809、共同無線タクシー☎0980・83・3355、スカイレンタカー石垣島営業所☎0980・84・4039

■**2万5000分ノ1地形図**

伊野田

55

ピナイサーラの滝

ぴないさーらのたき
172m（コース最高地点）

落差は沖縄一。その滝上からサンゴ礁の海を一望する

日帰り

歩行時間＝4時間35分
歩行距離＝8・4km

技術度 体力度

コース定数	＝14
標高差	＝171m
累積標高差	↗ 333m ↘ 333m

県内一の落差といわれるピナイサーラの滝

ヒナイ川にかかる県下最大の滝が、ピナイサーラの滝（落差約55メートル）だ。滝の上からの眺めはみごとで、眼下には西表《いりおもて》のジャングルとヒナイ川の流れ。その向こうにマングローブ林と船浦《ふなうら》湾の干潟。さらにその先にはエメラルドグリーンの海が広がっている。いつまで見ていても飽きない光景だ。

西表島の上原《うえはら》港または大原《おおはら》港から路線バスに乗り、**船浦バス停**で下車。海中道路方面へ車道をたどっていく。道路は船浦湾の真ん中を**船浦橋**で突っ切るように付けられていて、干潮時には道路より内陸部が広大な干潟となる。道路のところどころに干潟への下り口があるので、適当なところから干潟へ下りよう。

ピナイサーラの滝の上は断崖絶壁。ジャングルとサンゴ礁の海が一望のもとだ

ピナイサーラへの**コースの入口**は、ヒナイ川の河口のちょっと東側、マングローブ林の端にある。マングローブにかけられた、発泡スチロールとプラスチックの浮き玉が目印だ。入口からマングローブ林の間の水路をたどり、草原を突っ切って、うっそうとしたジャングルの中を進んでいく。やがて左手にヒナイ川が見えてきて、川に沿って進むと**徒渉点**に出る。ここにはツアーのカヌーが何艘も係留されている。なるべく浅い場所を選んで対岸へ渡るが、水中の石は苔ですべりやすい

■鉄道・バス 西表島・上原港から西表島交通バス2分で船浦へ。もしくは西表島・大原港から西表島交通バス約1時間で船浦へ。ただしバスの本数は少ない。上原港から船浦バス停まで歩くと20分ほどかかる。

■マイカー バスの本数が少ないので、レンタカー利用が効率的。船浦橋の東側のたもとに駐車スペースがある。

■登山適期 4月上旬～10月下旬ごろがベスト。ただし台風の発生・接近と、夏の高温時の熱中症には要注意。冬でも天気がいいときは問題ないが、北風が強く気温が低い時は、意外に寒く感じるのであまり向かない。

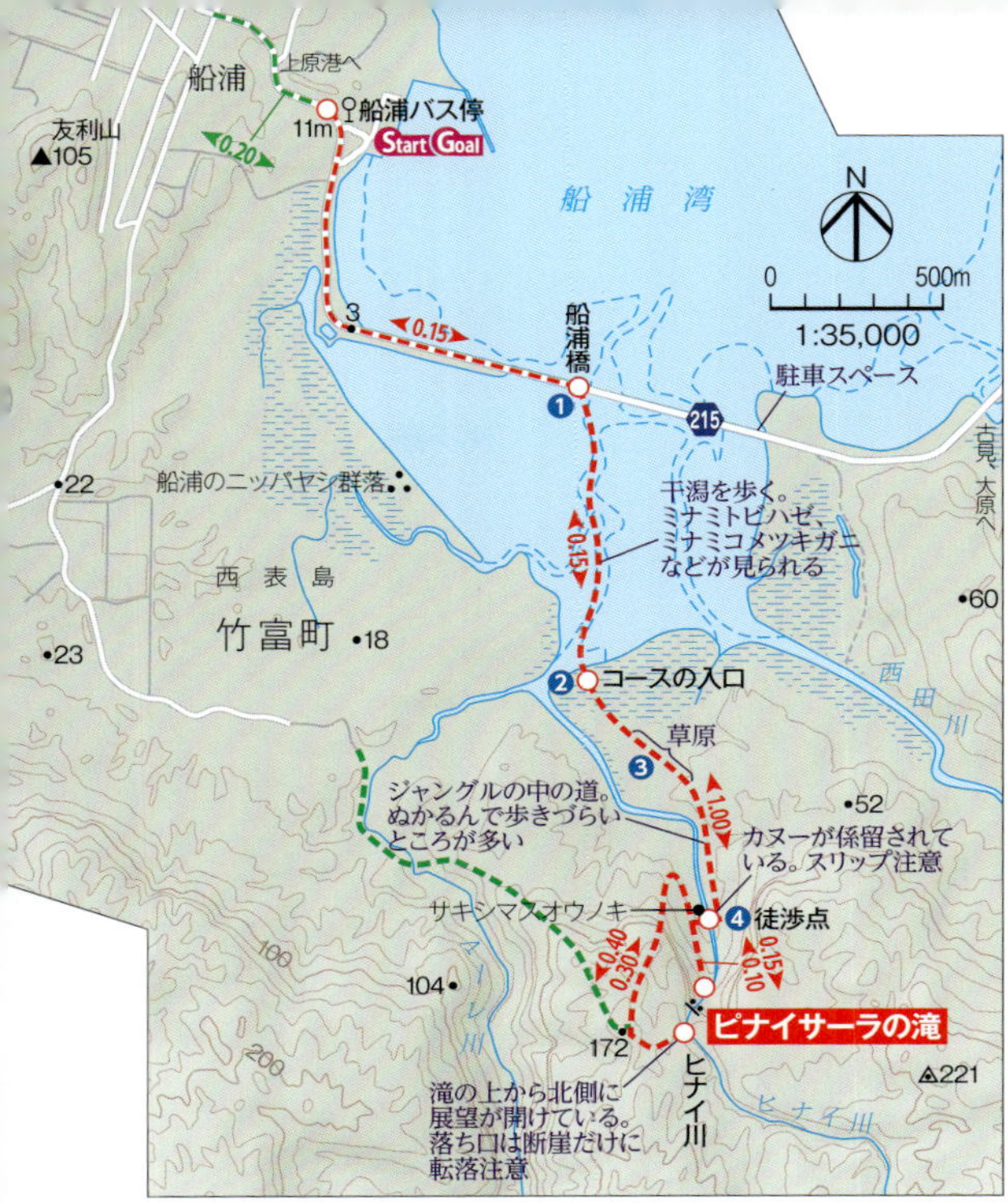

ので、スリップに要注意。

徒渉し終えた対岸でルートは二分する。左にルートをとれば滝の上へ、右にルートをとれば滝の下にいたる。まずは左のルートをとり、滝壷を往復してこよう。断崖に白い筋を引く**ピナイサーラの滝**は、真下から見上げると迫力満点。滝壷はプール状になっているので、水遊びも楽しめる。

徒渉点まで引き返したら、今度は滝の上へと向かう。道は斜面を左に大きく回りこんで登っていく。やがてひょっこりと尾根上に飛び出し、ルートは左に折れる。ほぼ平坦な道をたどり、最後の急斜面を下れば、なめらかな川床の**ヒナイ川**の流れに下り立つ。

すばらしい景観を満喫して充分に休憩したら下りにとりかかる。スリップに注意しながら、慎重に往路をたどろう。

（羽根田 治）

CHECK POINT

1 船浦橋から干潟越しにピナイサーラの滝を遠望する。雨が降ると滝は太くなる

2 マングローブ林の中の水路を行く。ぬかるんで歩きづらい箇所がある

3 水路を抜けると、一転して草原に飛び出す。その後はジャングルの中へ

4 カヌーが並ぶ徒渉点。今はカヌーツアーに参加して訪れる人が多い

■アドバイス

▽このコースは干潮時に歩くことが大前提となる。潮が満ちているときには干潟を歩けないので、必ず事前に潮見表でその日の干満の時間をチェックすること。また、潮の状況によっては腰ぐらいまで水に浸かる可能性もあるので、あらかじめ濡れてもいいウェアを着用しよう。

▽マングローブ林の水路やジャングル内にはぬかるみやヒナイ川の徒渉もあるので、靴はどうしても濡れてしまう。トレッキングシューズよりも、水抜きのいいウォータースポーツ用のシューズが適している。ヒナイ川の徒渉はスリップに要注意。

▽紹介したコースのほか、マーレ川の下流方面からもトレッキングルートが付けられている。また、石垣島や西表島のツアー会社や観光業者によるピナイサーラの滝へのカヌーツアーを催行しているところも多いので、参加して訪れるのもいい。

■問合せ先

竹富町産業振興課☎0980・82・6191、西表島交通バス☎0980・85・5305、やまねこレンタカー☎0980・85・6111（上原）、☎0980・85・5111（大原）、西表サザンレンタカー☎0980・85・6906（上原）

■2万5000分ノ1地形図

船浦・美原

56

西表島を代表するふたつの名瀑をめぐる

マリユドゥの滝・カンビレーの滝

まりゆどぅのたき　約75m
かんびれーのたき　約80m

日帰り

歩行時間＝1時間30分
歩行距離＝4.0km

技術度
体力度

コース定数＝**8**

標高差＝64m

累積標高差　285m（登り）　285m（下り）

マリユドゥの滝は落差約20メートル、2段になって流れ落ちる名瀑で、滝壷の直径は130メートルにもなる。

広くゆるやかな川床を水流がすべり落ちるカンビレーの滝

2段になって流れ落ちるマリユドゥの滝

ちなみに「マリユドゥ」とは「丸い淀《よど》み」という意味である。

男性的なマリユドゥの滝に対し、カンビレーの滝は傾斜のゆるい川床を、白い水流がなめらかに落ちる女性的な滑滝。川岸は広くて解放感がある。これを「神の座る場所」に例え、「カンビレー」と名付けられたという。

浦内《うらうち》橋の手前にある浦内川バス停から川辺に下りていったところに、浦内川観光の乗船場がある。南国ならではの珍しい植生に目を奪われながら遊覧船で浦内川を遡っていき、約30分で8キロ上流の船着き場・**軍艦《ぐんかん》岩**に到着する。

軍艦岩は、川べりの岩場に簡素な発着場が設けているだけの施設。ここを起点に、上流にあるふたつの滝を往復してこよう。いくつもの山肌をトラバースするように付けられているトレッキングルートはよく整備されていて、迷う心配はない。傾斜もほとんどなく平坦なルートなので、とても歩きやすい。

うっそうとした南国のジャングルの雰囲気を楽しみながら山道を

■鉄道・船・バス
往路・復路＝西表島・上原港から西表島交通バス16分で浦内川へ。もしくは西表島・大原港から西表島交通バス1時間12分で浦内川へ。浦内川の遊覧船乗り場から遊覧船約30分で軍艦岩。

■マイカー
登山口となる浦内川への路線バスは本数が少ないので、レンタカーを利用するのが現実的。浦内川バス停そばの船着場入口に無料駐車場がある。

■登山適期
西表島を代表する観光地なので、年間を通して観光客が訪れている。天気さえよければいつでも楽しめるだろう。なお、11～3月の冬場は北風が強く曇天の日が多い。

■アドバイス
▽遊覧船を運航する浦内川観光で

川岸にはポットホールがあちこちに

たどっていくと、やがて右手にマリユドゥの滝の展望台に出る階段が現れる。階段を上がったところに建つあずまや風の**展望台**からは、「日本の滝百選」に選ばれたマリユドゥの滝が遠望できる。

展望台から下り、山道を奥へたどっていく。まもなくでマリユドゥの滝のそばまで下りる**分岐点**だが、滑落事故が続発したため現在は通行止めで、残念ながら滝を間近で見ることはできない。

カンビレーの滝は、分岐からさらに5分ほど上流にある。岩床のところどころに空いている丸い穴は、水流に踊る小石が長い年月をかけて川床を削り取ったもので、「ポットホール」とよばれている。

滝の景観を充分に楽しんだら、往路を引き返して船着き場（**軍艦岩**）に向かう。（羽根田 治）

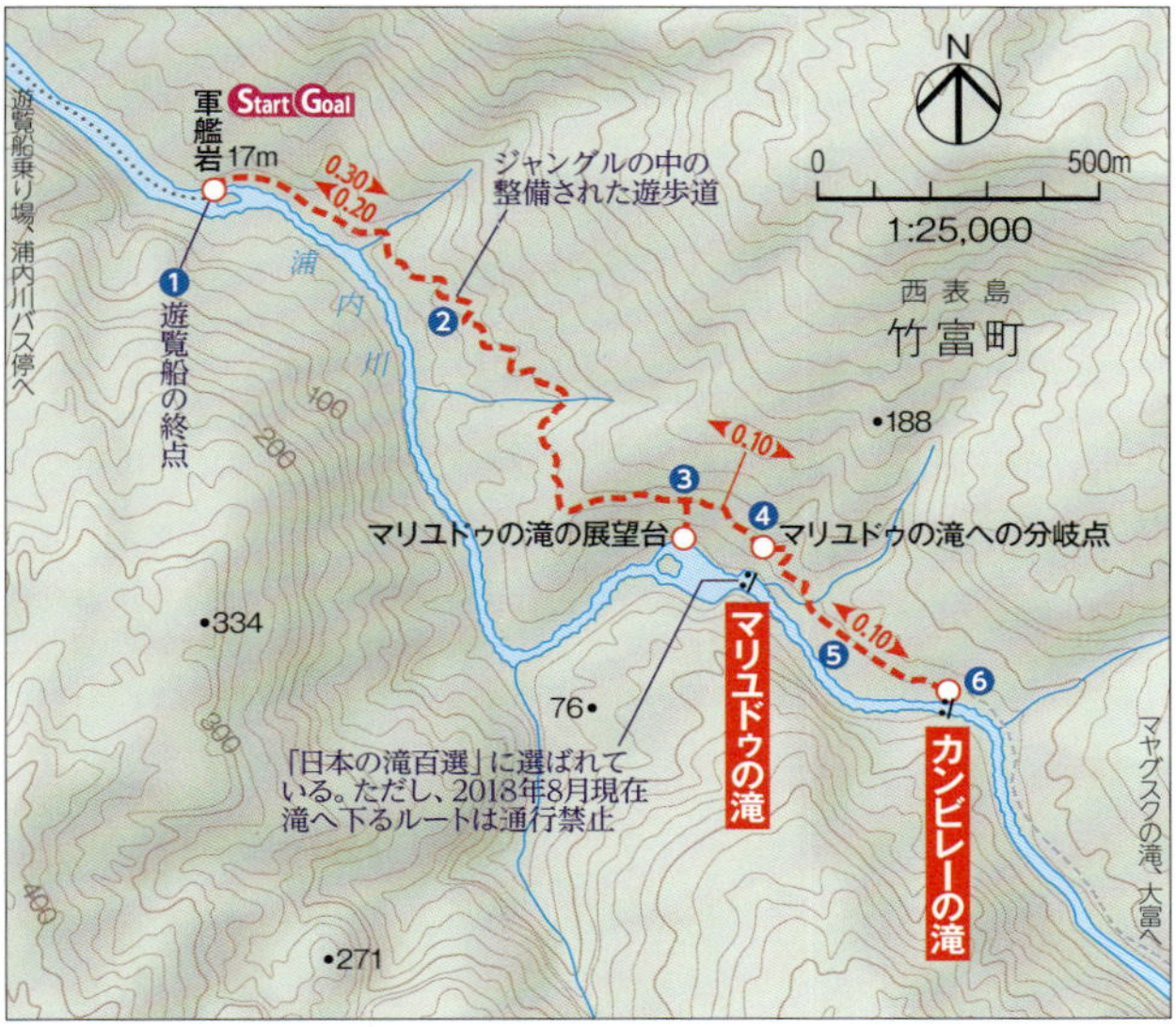

CHECK POINT

遊覧船終点の軍艦岩。GWや夏には増便も出る

ジャングルの中の遊歩道をたどっていく

マリユドゥの滝の展望台への分岐点

現在はマリユドゥの滝のそばへ行くことはできない

遊歩道はほぼ平坦でしっかり整備されている

西表島縦断コースはカンビレーの滝からはじまる

は、上原港から1日1往復、無料送迎バスを運行している（ただし状況によっては運行しないこともある）。また、石垣島から安栄観光の定期船で上原に渡るのなら、船の到着時間に合わせて運行される無料送迎バスも利用できる（乗船券の購入時にバス券をもらう）。詳細については事前に確認のこと。

▽マリユドゥの滝、カンビレーの滝へは石垣島からの日帰りツアーも数多く催行されているので、これに参加するのも一手段である。また、浦内川観光でも各種ツアープランを用意している。滝への往復だけでは物足りない人は、ガイド付きトレッキングやカヌーを利用した探検ツアーなどに参加するといい。

▽カンビレーの滝周辺はすべりやすいので、スリップに要注意。

■問合せ先

竹富町産業振興課☎0980・82・6191、安栄観光☎0980・83・0055、西表島交通バス☎0980・85・5305、浦内川観光☎0980・85・6154、やまねこレンタカー☎0980・85・6111（上原）、☎0980・85・5111（大原）、西表サザンレンタカー☎0980・85・6906（上原）

■2万5000分ノ1地形図

船浦

●著者紹介

■鹿児島県の山

川野秀也（かわの・ひでや）

1942年鹿児島市生まれ。鹿児島市在住。1964年から地元の山岳会に所属して活動、現在アルパインクラブ鹿児島の代表を務める。沢登りを好み、鹿児島の沢68本を紹介した『鹿児島の沢登り』と、ホームグランドである、高隈山の沢と岩場を紹介した『近くて良き山・高隈山』を自費出版。鹿児島の沢を目指す人の貴重なガイドブックとなっている。

分県登山ガイド『鹿児島県の山』は、1997年発行の初版から執筆と監修に携わり、これまで著者と仲間によって、新たな登山コースを開拓・整備し、人気の山となっているものも数多い。共著に、『九州百名山地図帳』、アルペンガイド『13 九州の山』（いずれも山と溪谷社）がある。

■沖縄県の山

伊波卓也（いは・たくや）

1944年那覇市生まれ。赴任先の宮古島でスキューバダイビング、名護市では本島北部・やんばるの山歩きと、沖縄の海と山に親しむ。1999年沖縄山岳会に入会後は、春夏秋冬、県内外の山歩きを再開。

与儀 豊（よぎ・ゆたか）

1962年那覇市生まれ。1992年沖縄山岳会に入会し、山歩きの楽しさを知る。主に県内の山域を、夏は沢登り、冬は森を、コンパスと地形図をもち散策。

林 秀美（はやし・ひでみ）

1961年香川県生まれ。アウトドア雑誌の出版社勤務を経て、フリーライターに。『山と溪谷』の執筆等にかかわる。1997年から沖縄県在住。一時期沖縄山岳会に所属し、本島北部の山や沢歩きを楽しむ。本書では沖縄県のとりまとめも担当。

松島昭司（まつしま・しょうじ）

1949年石垣市生まれ。2010年の石垣市役所定年退職後以降は、沖縄県生涯学習コーディネーター（3年間）を務めた。現在は石垣市文化財審議委員と石垣市史編集委員を務めている。2008年『ふるさと点描 写真集』、2010年ミニ写真集『於茂登岳』発刊。学生の頃からアウトドアに魅せられ現在にいたる。多くがカメラをひっさげた単独行動。

羽根田 治（はねだ・おさむ）

1961年埼玉県生まれ。フリーライター、長野県山岳遭難防止アドバイザー。山岳遭難や登山技術などをテーマに執筆活動を行なう。『ドキュメント単独行遭難』『パイヌカジ 小さな鳩間島の豊かな暮らし』『人を襲うクマ』など著書多数。

分県登山ガイド45

鹿児島県・沖縄県の山

2018年 10月 5日 初版第1刷発行

著　者 —— 川野秀也・伊波卓也・与儀 豊・林 秀美・松島昭司・羽根田 治

発行人 —— 川崎深雪

発行所 —— 株式会社 山と溪谷社
〒101-0051
東京都千代田区神田神保町 1 丁目 105 番地

■乱丁・落丁のお問合せ先
山と溪谷社自動応答サービス　TEL03-6837-5018
受付時間／10:00-12:00、13:00-17:30（土日、祝祭日を除く）

■内容に関するお問合せ先
山と溪谷社　TEL03-6744-1900（代表）

■書店・取次様からのお問合せ先
山と溪谷社受注センター
TEL03-6744-1919　FAX03-6744-1927

http://www.yamakei.co.jp/

印刷所 —— 大日本印刷株式会社

製本所 —— 株式会社明光社

ISBN978-4-635-02075-6

●乱丁、落丁などの不良品は送料小社負担でお取り替えいたします。
●定価はカバーに表示してあります。

●編集
吉田祐介

●編集協力
後藤厚子

●写真協力
青塚博太

●ブック・カバーデザイン
I.D.G.

● DTP
株式会社 千秋社（細井智喜）

● MAP
株式会社 千秋社（小島三奈）

■本書に掲載した地図は、国土地理院長の承認を得て、同院発行の数値地図（国土基本情報）電子国土基本図（地図情報）、数値地図（国土基本情報）電子国土基本図（地名情報）、数値地図（国土基本情報）基盤地図情報（数値標高モデル）及び数値地図（国土基本情報 20 万）を使用したものです。（承認番号 平 30 情使、第 519 号）

■各紹介コースの「コース定数」および「体力度のランク」については、鹿屋体育大学教授・山本正嘉さんの指導とアドバイスに基づいて算出したものです。

■本書に掲載した歩行距離、累積標高差の計算には、DAN 杉本さん作製の「カシミール3D」を利用させていただきました。